Unsere kleine Computerfibel

Unsere kleine Computerfibel

Heinrich Seibert

Verlag Die Wirtschaft Berlin

Lektor:
Petra Tredup

Seibert, Heinrich:
Unsere kleine Computerfibel / Heinrich Seibert. – 1. Aufl.. – Berlin : Verl. Die Wirtschaft, 1987. – 111 S.

Redaktionsschluß: 1. 8. 1987

ISBN-3-349-00242-0

Am Friedrichshain 22, Berlin, 1055
Lizenz-Nr. 122; Druckgenehmigungs-Nr. 195/127/87
LSV 0399
Einbandgestaltung: Hans-Georg Gerasch
Typographie: Verlag Die Wirtschaft/Cordula Brandt
Printed in the German Democratic Republic
Gesamtherstellung: Druckerei Neues Deutschland, Berlin
Bestell-Nr. 676 081 4
00560

Inhaltsverzeichnis

Anstelle eines Vorwortes

Ein Feierabendgespräch, belauscht im Busgedrängel

Hallo Rudi, was machen deine Computer?

Tag Alfons, du also auch, mein Freund, Nachtigall ick hör dir trapsen. Schieß los, wo drückt dich dein Schuh?

Rudi, ich muß kurzfristig mit dir über Computer sprechen. Wir sollen doch demnächst so ein Gerät in unserer Fachabteilung einsetzen. Meine Qualifizierung dafür ist schon geplant. Ich möchte dort doch nicht völlig ahnungslos erscheinen.

Ich sehe schon, du bist nun auch an der Reihe, und das ist gut so. Was meinst du, wie oft wir Kollegen aus dem Rechenzentrum in letzter Zeit mit der einfachen Frage „Was machen Sie eigentlich?" überfallen werden.

Glaub' ich dir aufs Wort, Rudi, aber ich frage dich trotzdem.

Alfons, eine einfache Frage läßt sich nicht immer einfach beantworten. Ich mache dir aber einen Vorschlag: Unterhalte dich zuerst einmal mit deinem Sohn. Er ist in unserem Computer-Club einer der Aktivsten. Ich als dein Freund bin natürlich immer zum Helfen bereit, wenn ihr allein nicht weiterkommt. Doch ein Alleswisser bin ich nicht – nur finde ich schneller Fachliteratur und kenne Spezialisten, die ich fragen kann. Also dann bis bald.

Tschüß Rudi, nächstes Wochenende fangen wir an. Ich stelle auch einen guten Tropfen bereit.

Dieses Gespräch soll Sie, lieber Leser, der Sie computerinteressiert sind, auf den Zweck dieses Buches hinweisen. Es soll allen, die heute und in naher Zukunft mit dem Computer konfrontiert werden, ein guter Helfer sein und das Lernen erleichtern.

- Der Schüler kommt schon im Unterricht mit dem Computer in Berührung und eignet sich, wenn er computerinteressiert ist, in den Arbeitsgemeinschaften der Schule genauere Kenntnisse an.
- In rasch zunehmendem Maße werden Anwender des Computers in allen Betrieben und Einrichtungen unseres Landes arbeiten. Sie benötigen ein allgemeines Wissen über den Computer und Spezialkenntnisse für Anwendungslösungen.

Die Computerfachleute sind die "Rechenknechte" der Anwender. Der Rechenknecht muß den Computer erst zum Hilfsmittel des Anwenders machen, und zwar so, wie es der Anwender fordert. Dabei führt die Kompliziertheit des Computers in der Regel zur Spezialisierung der Computerfachleute zu

Technikspezialisten,
Programmierspezialisten,
Organisationsspezialisten und
Spezialisten für Computerbedienung und Datengewinnung.

Anwender können durchaus die Kenntnisse von Computerspezialisten erwerben, umgekehrt können Computerfachleute zu hochspezialisierten Anwendern werden. Wichtig ist, daß sie bedeutsame volkswirtschaftliche Aufgaben gemeinsam lösen.
Belauschen wir nun die Beratung von Alfons Anwender mit seinen Kindern, dem Sohn Alfons und der Tochter Alfonsine, die bald nach dem Gespräch mit Rudi R. stattfand.

Vater A. *Alfons, ich habe gestern mit Herrn Rechenknecht gesprochen. Er sagte mir, daß du mir meine ersten Fragen zum Computer beantworten kannst.*

Alfonsine *Kann er nicht! Wenn ich ihn frage, sagt er immer: "Du bist zu doof dafür." Dabei bin ich in Mathe besser als er.*

Vater A. *Laß nur, wir werden Alfons jetzt gemeinsam befragen.*

Alfons *Was wollt ihr denn eigentlich wissen? Ich weiß ja gar nicht, wo ich überhaupt anfangen soll!*

Vater A. *Gerade hier scheint mir das Problem zu liegen. Wie wäre es, wenn wir gemeinsam eine Computerfibel erarbeiten? Mein Freund Rudi hilft uns bestimmt dabei. Er hat mir neulich erzählt, daß man den Computer auch als intelligente Schreibmaschine benutzen kann, und ich werde, wenn ich genügend Ahnung habe, unsere Fibel schreiben. Wir können sie danach beliebig oft vom Computer drucken lassen und helfen so auch anderen Computer-ABC-Schützen. Und du, Alfons, weißt dann auch, wo du anfangen kannst.*

Alfons *Na gut, wenn du schreibst!*

Alfonsine *Prima, Mutti muß aber auch mitmachen!*

Vater A. Ich schlage vor, wir überschreiben jeden Fibelabschnitt mit einer Frage – mit Fragen, wie sie der Computerlaie stellen könnte.

Alfons Und die wichtigen Stellen kennzeichnen wir mit einer "EDV-Meise". Herr Rechenknecht hat uns neulich einen solchen Vogel an die Tafel gemalt. Er und seine Kollegen sagen immer: "Der hat auch schon eine EDV-Meise", wenn einer von ihnen etwas zerstreut wirkt. Eine Datenverarbeitungsaufgabe ist nämlich, solange sie nicht gelöst ist, eine gewaltige Denkaufgabe, an deren Lösung man oft auch am Feierabend weiterarbeitet.

Bild 1 EDV-Meise

Alfonsine Wie lange gibt es denn eigentlich schon Computer?

Alfons Herr Rechenknecht hat uns erzählt, daß der "richtige" Computer, die erste vollautomatische, programmgesteuerte und frei programmierbare Rechenanlage, erst 1941 entstand. Die heutigen Computer entstanden mit der Entwicklung der Elektronik. Sie sind viel kleiner und können sehr viel mehr leisten als ihr Vorfahr aus der "Computersteinzeit", der von Konrad Zuse entwickelt und gebaut wurde. Aber erst in den Jahren nach 1950 begannen die industrielle Fertigung des Computers und sein Einsatz in der Industrie, und auch um diese Zeit konnte noch kein Computerspezialist die heutige Entwicklung ahnen.

Etwa ein halbes Jahr nach diesem Disput hatte Familie Anwender, natürlich mit Hilfe von Rudi Rechenknecht, ihre Computerfibel entwickelt. Vater Alfons arbeitet schon mit dem Personalcomputer, nachdem er die notwendigen Lehrgänge absolviert hat. Für die Fibel hat sich das "Autorenkollektiv" folgende Überschrift und Gliederung ausgedacht:

Unsere kleine Computerfibel

1. Was ist ein Computer?
2. Was ist elektronische Datenverarbeitung?
3. Programmieren, aber wie?
4. Sprechen Sie BASIC?

An einigen Stellen der Fibel sind Bruchstücke der Gespräche, die bei ihrer Erarbeitung geführt wurden, erhalten geblieben. Sie scheinen geeignet, das Verständnis zu erleichtern und Mut zum Weiterlesen zu machen. Als modernes Autorenkollektiv haben die "Anwender" die Diskussionen auf Tonbandkassetten aufgenommen – eine sehr effektive Methode, die ihnen letztlich eine solche Fibelgestaltung ermöglichte.
Der Computer ist vielfach noch als wichtiges Hilfsmittel der Helden utopischer Erzählungen bekannt, doch er ist längst Realität und wird es täglich mehr.
Den Alfonsinen unter den Computer-ABC-Schützen soll noch folgender Hinweis gegeben werden: Computer sind, wie viele andere Dinge, nicht nur "Männersache". In der Computerwelt arbeiten zahlreiche weibliche Fachleute sehr erfolgreich.
Diese Fibel soll auch die viel zitierten Wunder des Elektronenhirns und die oft zitierten Computerfehler ad absurdum führen, denn für beide ist ausschließlich derjenige verantwortlich, der den Computer programmiert oder technisch betreut.

Vater Alfons "tippte" also die Computerfibel und schaute dabei etwas müde auf den *Monitor*, den grünleuchtenden Bildschirm seines Personalcomputers, abgekürzt PC. Vater A. ist jetzt Computeranwender und nutzt das Hilfsmittel "Computer", um so effektiv wie möglich zu arbeiten, als intelligente Superschreibmaschine und letzten Endes als Drucker, der in etwa einer Minute eine A4-Seite erzeugen kann, auf Wunsch mit Durchschlägen oder für größere Stückzahlen auf vervielfältigungsfähigem Spezialpapier. Auf dem Monitor erschien nach dem Einschalten des PC die Mitteilung des *Betriebssystems:*

`ROBOTRON LOADER`	Meldung des "Ladeprogramms", Hersteller: VEB Kombinat Robotron
`SCP....`	Name mit Versionsangaben des Betriebssystems
`A>`	Eingabeaufforderung des SCP

In der Datenverarbeitung wird häufig, wie Sie hier schon bemerken, mit englischen Begriffen operiert.
Vater Alfons hatte aber versehentlich eine falsche *Diskette* (das ist eine handtellergroße biegsame "Magnetscheibe" in schützender Plastikhülle) in ein *Laufwerk* des PC geschoben. Der PC, oder besser sein Betriebssystemprogramm, erkannte diesen Fehler beim Aufruf des Textverarbeitungsprogramms `"TP"` (`TP` aufzurufen bedeutet, das *Kommando* `"TP"` über die Computertastatur einzutippen) und meldete auf dem Monitor

kurz und bündig "TP?". Vater Alfons erkannte sofort seinen Fehler. Er hatte die gestern erzeugte Diskette mit dem Fibeltext gewählt und nicht, wie es richtig gewesen wäre, die Diskette, auf der das *Programm* TP *gespeichert* ist. Der Fehler war schnell behoben, die richtige Diskette wurde eingelegt, und einen Augenblick später meldete sich der Computer als Textverarbeitungsmaschine mit den Fragen und Meldungen, die in TP programmiert sind.

Mutter A. *TP ist also ein fertiges Programm, das ein Anwender kaufen kann, um seine Büroarbeit zu automatisieren?*

Rudi R. *Ja, er kauft eine komplette Anwendungslösung mit einem Bedienerhandbuch, in dem die Benutzung dieser Lösung beschrieben ist. Solche Anwendungslösungen werden natürlich von beinahe jedem Käufer eines PC mitgekauft. Ihre Benutzung kann auch von Computer-Nichtfachleuten relativ leicht erlernt werden und bringt oft einen hohen Rationalisierungseffekt.*

TP erwartet eine Texteingabe, z. B. die Computerfibel, und dieser Text kann auf einer Diskette gespeichert werden. Der so gespeicherte Text kann jederzeit von einem Anwender bearbeitet werden. Bearbeiten im Sinne von TP heißt
- auf dem Monitor darstellen,
- im Text blättern (Monitorinhalte oder Bildschirmseiten tauschen),
- den Text korrigieren,
- die Fibel weiterschreiben,
- den neuen Textabschnitt zusammen mit den schon zuvor archivierten Fibelabschnitten neu auf einer Diskette abspeichern.

Etwa 60 Seiten Fibeltext können so, ohne ein Blatt Papier zu verbrauchen, auf einer Diskettenseite erzeugt und beliebig oft bearbeitet (man sagt auch "editiert") werden. Alle diese TP-Funktionen werden durch die Betätigung der schreibmaschinenähnlichen Computertastatur gesteuert.
Irgendwann, die Computerfibel ist ja nicht an einem Tag eingetippt, soll dann auch einmal etwas Geschriebenes aus dem Computer kommen. Das "weiß" TP, und es wartet, bis Vater Alfons das Kommando zum Druck eingibt. TP steuert nun den Drucker des Computers und erzeugt die Fibel in einem schönen Seitenformat mit Seitennumerierung. Die Fibel bleibt, wenn Familie Anwender es will, auf der Diskette gespeichert und kann jederzeit ergänzt, korrigiert und erneut gedruckt werden.
Nachdem die mühevolle Texteingabe beendet und die Computerfibel gedruckt war, stellte Vater Alfons zu seinem Ärger fest, daß er im gesamten

Fibeltext einen Begriff unzweckmäßig gewählt hatte. Er konnte sich aber helfen, denn `TP` korrigiert gerade solche Fehler sekundenschnell, indem der alte (falsche) Begriff und der neue, der ihn ersetzen soll, nach Anwahl der entsprechenden `TP`-Funktion eingegeben werden. Allerdings muß nun der geänderte Fibelteil noch einmal gedruckt werden – man sollte also lieber auf dem Bildschirm genauer kontrollesen.

Mutter A. *Der Computer hat jetzt doch gar nicht gerechnet. Ist er mit einer solchen Textverarbeitungsaufgabe nicht unterfordert?*

Vater A. *Der Computer rechnet auch bei solchen Aufgaben. Seiten, Zeilen und auch Zeichenanzahlen müssen z. B. verarbeitet werden. Das sind, zugegeben, sehr einfache mathematische Operationen, die aber für die hier geforderte Computerleistung voll ausreichen. Trotzdem sind solche Textverarbeitungssysteme sehr komplizierte Programme. Sie haben umfangreiche logische Operationen auszuführen, die wir im 4. Abschnitt unserer Fibel behandeln werden.*

Problemstellungen wie für `TP` sind in der Praxis recht häufig anzutreffen. Computer lösen hier Aufgaben, die einen großen manuellen Aufwand erfordern, sehr zeitaufwendig sind und, wenn sie vom Menschen bearbeitet würden, fehleranfällig wären. Wir kennen schon solche Computerlösungen bzw. deren Ergebnisse. Denken wir einmal an das Abbuchungsverfahren der Sparkassen, das Platzbuchungssystem der Reichsbahn usw. Auch die Organisatoren großer Sportveranstaltungen verlassen sich auf Computer, und die buchhalterischen Probleme in den Betrieben werden so mit wesentlich weniger Arbeitskräften besser und schneller gelöst. Man spricht vom Computereinsatz im kommerziellen Bereich, in Aufgabengebieten, in denen auch schon früher, ohne den Computer, sehr große Datenmengen verarbeitet werden mußten.
Seine Stärke zeigt der Computer aber bei menschenunmöglichen Berechnungen in Forschung und Technik. Weltraumforschung wäre ohne Computer nicht denkbar.
Computer können Planungsaufgaben bewältigen, also bestimmte Ereignisse in der Produktion vorausberechnen, deren Grundlage die Bearbeitung riesiger mathematischer Modelle ist. Solche Berechnungen könnten vom Menschen nur mit unvertretbar hohem Zeitaufwand oder gar nicht ausgeführt werden. Der Computer kann auch ungeheuer genaue Zeichnungen erstellen, die zuvor im Dialog mit dem Menschen erarbeitet wurden. Jetzt kann ein einziger Mensch an einem Tag zu einem Ergebnis gelangen, für das vor einigen Jahren ein ganzes Konstruktionsbüro mehrere

Wochen benötigt hat. Solche Computerleistung wird mit *CAD* (computer aided design) bezeichnet. Eine Verknüpfung aller dieser Computerleistungen bringt bei sinnvoller Anwendung einen weiteren Effektivitätsgewinn. Hierbei werden oft Datenübertragungen zwischen Computern und Programmsystemen notwendig. Man spricht von der *Datenfernverarbeitung* und von *Datenbanken.*
Werden Computer direkt in die Steuerung von Betriebsabläufen eingeschaltet, spricht man von *CAM* (computer aided manufacturing). Auf Teilgebiete der Produktion bezogen, gibt es schon eine Reihe von CAD/CAM-Anwendungen.

Alfonsine *Eine endgültige CAM-Lösung wäre die vollautomatische Fabrik, in der nur noch wenige Menschen Überwachungsaufgaben haben. Sie werden in hellen und sauberen Räumen arbeiten, müssen aber ihre Technik voll beherrschen.*

Rudi R. *Steuernde Computer sind das Hirn der sagenhaften Roboter, von denen wir schon einige Vertreter aus dem Fernsehen kennen. Das massenhafte Auftreten von Computern und Robotern ist eine Folge der raschen Entwicklung der Mikroelektronik, deren Produkte ihre effektive Produktion erst ermöglichten.*

Computerfachleute schaffen aber neben den für die Volkswirtschaft so bedeutenden Lösungen auch noch "manch lustig Ding" in ihrer Freizeit. Dieser Tätigkeit haben wir es zu verdanken, daß wir mit dem Computer auch spielend lernen können.
Zuerst müssen Sie aber die Computerfibel gründlich durcharbeiten.

1. Was ist ein Computer?

Ein Computer ist eine elektronische *Maschine.*

Die Maschine ist ein Arbeitsmittel, also ein Ding oder ein Komplex von Dingen, mit dessen Hilfe der Mensch auf den Gegenstand seiner Arbeit einwirkt und ihn seiner Absicht entsprechend verändert.

Während die Arbeitsgegenstände bei herkömmlichen Maschinen Stahl, Holz oder andere Materialien sind, sind die Arbeitsgegenstände des Computers *Daten.*

Daten sind eine spezifische Gruppe von Informationen, die vorwiegend als numerische (also Ziffern) und alphanumerische Zeichen (Ziffern und Buchstaben durcheinander) in allen Bereichen der menschlichen Gesellschaft auftreten.

Das häufig benutzte Synonym "Elektronenhirn" für den Computer muß wohl so erklärt werden: Das menschliche Gehirn benötigt zu seiner Tätigkeit ebenfalls Informationen, aber diese Tätigkeit ist eine ganz andere als die des Computers. Das Gehirn des Menschen kann denken, und dieses *Denken* ist untrennbar mit der Sprache verbunden.

Das Denken verarbeitet Informationen, die der Mensch mit Hilfe seiner Sinnesorgane empfängt und in denen Allgemeines und Einzelnes, Unwesentliches und Wesentliches, Notwendiges und Zufälliges vereinigt sind. Es erzeugt mit Hilfe von Begriffen, die vor allem durch Vergleichen, Abstrahieren und Verallgemeinern gewonnen werden, ein ideelles Abbild der objektiven Realität. Denken ist die höchste Form der psychischen Tätigkeit des Menschen und dient dazu, Allgemeines, Wesentliches, Zusammenhänge, Wechselbeziehungen und Gesetzmäßigkeiten zu erkennen und schöpferisch gedanklich zu verarbeiten.

Der Computer unterscheidet sich von herkömmlichen Maschinen dadurch, daß er *programmiert* werden muß.

Das Computerprogramm wird nach einem Vordenken des Menschen für eine konkrete Aufgabe erstellt. Bei einem funktionierenden Computer führt richtiges Vordenken immer zu richtigen Ergebnissen, falsches Vordenken stets zu falschen Ergebnissen. Der Computer kann nicht selbständig denken und es auch nicht erlernen. Computerprogramme bearbeiten nur die Daten, die für die im Programm formulierte Aufgabe gelten; irgendwelche Daten führen ebenfalls zu falschen Ergebnissen.

Moderne Computer können erstaunliche Leistungen vollbringen, besonders, wenn sie Roboter steuern und diese Roboter z. B. Bildinformationen und Schallsignale verarbeiten. Das vorstehend Definierte gilt aber auch hier und wird noch längere Zeit seine Gültigkeit behalten.
Der funktionsfähige Computer umfaßt
– die technische Konstruktion, die man anfassen kann, die *Hardware;*
– die Programme, die Vordenklösungen des Menschen, die in den Computer eingegeben werden, die *Software.* Software ist nur dann sichtbar, wenn sie als Programmdokumentation vorliegt. Sie kann im Computer mit den für sie gültigen Daten beinahe alles machen: rechnen, schreiben, lesen, zeichnen und steuern.

Die Datenverarbeitung mit Hilfe eines Computers entlastet den Menschen von Routinedenkarbeiten (sich oft wiederholenden gleichen Arbeiten) und schafft damit Platz für schöpferisches Denken. Das wiederum führt zu einer raschen Entwicklung auf dem Gebiet der Elektronik, denn besonders in der EDV erzeugen soeben befriedigte Wünsche sofort neue.

Vater A. *Schön wäre es, wenn unser PC eine Spracheingabe besäße. Dann hätte ich ihm unseren Fibeltext vorlesen können. Für mich als ungeübten Maschinenschreiber wäre dies eine große Erleichterung. Und der Drucker könnte auch noch schneller sein.*

Alfons *Ja, und zeichnen müßte er auch können. Dann hätten wir, anstatt EDV-Meisen in die Fibel zu malen, den Krimi ansehen können.*

Mutter A. *Und schließlich könnte das Textverarbeitungsprogramm einen "elektronischen Duden" enthalten, der bei der Texteingabe Fehler automatisch korrigiert. Ich hätte mir so das Suchen nach deinen Tippfehlern erspart, weil sie erst gar nicht aufs Papier gekommen wären.*

Rudi R. *Das alles ist wohl schon in allernächster Zeit möglich, aber wichtig bleibt, daß der Mensch mit diesen Geräten umgehen kann.*

Alfonsine Ich finde, der nächste PC könnte auch noch schöner sein. Und der Drucker muß noch leiser werden.

Rudi R. Dein Wunsch ist wohl schon erfüllt. Ich habe schon einen PC gesehen, der eleganter aussieht und leiser druckt. Er leistet wesentlich mehr als unser jetziges persönliches Arbeitsmittel "PC 1715".

An dieser Stelle wird es notwendig, den Begriff "black box" (engl.) einzuführen. Die "schwarze Kiste" ist ein sinnvolles Hilfsmittel der Formulierung, wenn ein Teil einer zu erarbeitenden Lösung nur soweit wie nötig dargestellt werden soll (oder kann). Wir sind jetzt z. B. so weit, daß wir den Computer als Blackbox definieren. Sein Umfeld ist durch die vorangegangenen Definitionen hinreichend erklärt. In Bild 2 werden diese Zusammenhänge grafisch dargestellt.

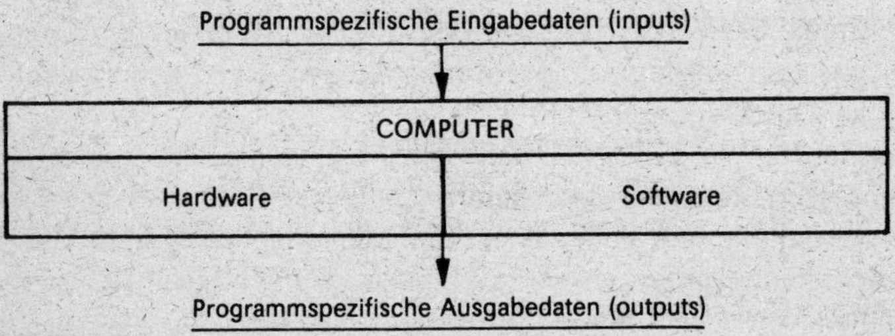

Bild 2 Black box „Computer"

Bevor wir nun den Teil "Hardware" unserer Blackbox "PC" beschreiben, müssen noch einige grundlegende Begriffe geklärt werden.

Grundlagen

Der Computer kann die Daten aus der menschlichen Umwelt nicht in der Form verarbeiten, in der sie auftreten. In der Welt der Elektronik sind nur elektrische Signale, vergleichbar mit den Zuständen "Strom" oder "nicht Strom", erkennbar. Solche Daten kennen wir von unserem Lichtschalter. Er kann ebenfalls nur die Daten "ein" und "aus" erzeugen, und das angeschlossene elektrische Gerät kann nur diese Daten "verarbeiten". Wir könnten uns den Computer als eine riesige Menge von Schaltern vorstellen, die, sinnvoll miteinander verschaltet und durch ein Programm gesteuert und kontrolliert, eine ebenso riesige Menge von Lampen entsprechend unseren Wünschen ein- und ausschalten.

Wir merken uns:
Daten aus der menschlichen Umwelt müssen erst in Computerdaten umgewandelt werden!
Die heutigen Computer erledigen diese Umwandlung selbst. Es ist aber sinnvoll, daß der Anwender und der "Softwareentwickler", der *Programmierer,* eine Vorstellung von ihnen besitzt. Der "Hardwaremann" muß sie genau kennen.
Wir kennen schon die Datengruppen: numerische und alphanumerische Daten.

Die numerischen Daten
Wir sind es gewohnt, im Dezimalsystem zu rechnen. Es hat sich als die bequemste Art zu rechnen durchgesetzt. Rechnen ist das Verarbeiten von numerischen Daten.
Das Dezimalsystem ist ein *Positionssystem,* in dem jede Zahl als Summe *von Ziffern in der folgenden Form dargestellt werden kann:*

$$z \cdot b^p$$

z Ziffer (0, 1, 2,..., (*b*-1)); im Dezimalsystem ist $z = 0, 1, \ldots, 9$
b Basis des Positionssystems, im Dezimalsystem ist $b = 10$
p Position der Ziffer in der Zahl, von rechts nach links, ab 0 gezählt.

Dazu ein Beispiel (beachten wir: $b^0 = 1$):

$$1147 = 1 \cdot 10^3 + 1 \cdot 10^2 + 4 \cdot 10^1 + 7 \cdot 10^0 = 1000 + 100 + 40 + 7$$

Ändert man die Basis, kann jedes beliebige Positionssystem entwickelt werden.
Für den Computer kommt nur das System mit der Basis 2 (ein/aus) in Frage. Dieses Positionssystem heißt *Binär- oder Dualsystem.* Analog zum Dezimalsystem gilt z. B.:

Basis = 10	Basis = 2
$0 = 0 \cdot 10^0$	$0 = 0 \cdot 2^0$
$5 = 5 \cdot 10^0$	$101 = 1 \cdot 2^2 + 0 \cdot 2^1 + 1 \cdot 2^0$
$10 = 1 \cdot 10^1 + 0 \cdot 10^0$	$1010 = 1 \cdot 2^3 + 0 \cdot 2^2 + 1 \cdot 2^1 + 0 \cdot 2^0$

Vater A. *Der uns vertrauten dezimalen Zahl 10 entspricht also im Binärsystem die Dualzahl "1010"?*

Alfons *Ja, der Computer arbeitet nun mit einer Schalterstellung "ein, aus, ein, aus". Er weiß nicht, daß dies unserer Zahl 10 entspricht, aber seine Hard- und Software verarbeitet diese Schalterfolge richtig, wenn sie in Ordnung ist.*

Alfonsine *Die Zahlen im Binärsystem werden so aber immer länger! So möchte ich nicht rechnen müssen.*

Alfons *Dieser Nachteil läßt sich leider nicht vermeiden; er fällt aber auch nicht besonders ins Gewicht. Mit dem Einsatz von Bauelementen der Mikroelektronik im Computer können auf einem solchen Bauelement von etwa 45 mm² immerhin schon einige 100 000 solcher winzigen Schalter untergebracht werden.*

Mutter A. *Unser Kontostand würde sich aber, als Binärzahl geschrieben, doch recht gut ansehen!*

Zum Umrechnen von Dezimalzahlen in Binärzahlen und umgekehrt gibt es übrigens Schemata, mit denen man mechanisch arbeiten kann. Unsere gewählte Beispielzahl "1147" entspricht der Binärzahl $10001111011 = 2^{10} + 2^6 + 2^5 + 2^4 + 2^3 + 2^1 + 2^0$. Es ist aber nicht notwendig, die genannten Schemata zu kennen und die kostbare Zeit mit solchen Rechenexempeln zu vertrödeln, denn bei der modernen Computertechnik kommt höchstens der Spezialist in besonderen Fällen noch einmal in die Verlegenheit, so etwas zu betreiben. Wichtig ist, daß alle, die mit dem Computer arbeiten, die allgemeinen Grundlagen und die daraus abgeleiteten Fachausdrücke kennen. Deshalb folgen hier nur noch ein paar Worte zum Binärsystem.

Die Ziffer einer Binärzahl wird in der Computerwelt *Bit* genannt (binary digit). Bei vielen Computertypen, so im BC (Bürocomputer) und im PC, werden je 8 Bit logisch zu der Größe *Byte* zusammengefaßt. Die Struktur eines Bytes ist in Bild 3 dargestellt.

Zu beachten ist, daß im Computer fast immer ab "0" gezählt wird – wie in den Positionssystemen. In einem Byte könnten durch die unterschiedliche Kombination der Nullen und Einsen nun die Dezimalzahlen von 0–255 dargestellt werden. Da man aber auch negative Zahlen verarbeiten will, wird für Bit Nr. 7 innerhalb des Bytes die Funktion eines Vorzeichenbits vereinbart mit der Festlegung
– Bitinhalt 0 entspricht dem Vorzeichen +,
– Bitinhalt 1 dem Vorzeichen −.

Damit verringert sich der im Byte darstellbare Zahlenbereich auf die Werte zwischen -127 und 127, denn

$$-127 = 11111111 \text{ und } 127 = 01111111 \text{ (binär).}$$

Im Computer wird hardwarebedingt eine etwas andere Darstellung negativer Zahlen realisiert – das Vorzeichenbit bleibt aber das Merkmal dieser Zahlen.

0 ≙ +	0	0	0	0	0	0	0
	oder	oder	oder	oder	oder	oder	oder
1 ≙ –	1	1	1	1	1	1	1
Bit Nr. 7			...			Bit Nr. 1	Bit Nr. 0

Bild 3 Schema eines Bytes

Für größere Zahlen werden mehrere Bytes benötigt. Das Vorzeichen verschiebt sich bei diesen "Mehrbytezahlen" immer auf Bit Nr. 7 des linksstehenden Bytes dieser Zahl. Um bei sehr großen Zahlen nicht zuviel Platz zu belegen, simuliert man im Computer die aus der Mathematik bekannte Potenzschreibweise von Zahlen, die eine Darstellung sehr großer reeller Zahlen in einer konstanten Anzahl von Bytes ermöglicht. Überhaupt müssen alle Gesetzmäßigkeiten der Mathematik im Computer mit den Möglichkeiten des Binärsystems nachvollzogen werden.
Die Hardware des Computers kann nur die Addition und die Subtraktion ausführen, daher ist es hier Aufgabe einer *Basissoftware,* die weiteren Rechenoperationen zu realisieren. Die Multiplikation kann z. B. eine Folge von Additionen sein. Der Mensch hat sich Rechenverfahren geschaffen, die weniger umständlich sind, aber das Denken verlangen. Der Computer ersetzt fehlendes Denkvermögen durch Geschwindigkeit. Er ist ein fleißiger Idiot, der Bit für Bit, also in kleinsten Schritten, an sein Ziel kommt. Für einen solchen Schritt (= Takt) benötigt unser PC allerdings nur etwa 0,0000004 s. Der Programmierer muß sein Programm genauso pedantisch konstruieren. Er muß sich ein *computergerechtes Denken* aneignen, von dem noch oft in dieser Fibel die Rede sein wird.

Die alphanumerischen Daten
Sie sind nicht schwierig, wenn wir sie, wie in einem Geheimcode, mit Kombinationen von Binärziffern "verschlüsseln", z. B.

a = 01010001
A = 01000001
b = 01010010
1 = 00110001 usw.

Codes bekommen einen Namen. Unser Code im PC, er ist übrigens international in der Mikro- und Kleinrechentechnik weit verbreitet, heißt ASCII (siehe Anhang). Mit den alphanumerischen Daten soll nicht gerechnet werden. Auch wenn sie durch ein Computerprogramm verändert und neu zusammengestellt werden, bleiben sie ASCII-Daten, die bei der Ausgabe aus dem Computer nur wieder rückverschlüsselt werden müssen. Das Programm `TP` bearbeitet (manipuliert) z. B. ausschließlich die eingetippten alphanumerischen Daten. Die Seitennummern sind im Programm selbsterzeugte Binärzahlen, die dann durch `TP` aufaddiert, vor ihrer Ausgabe auf den Drucker allerdings über ASCII-Codes in menschliche Daten umgewandelt werden müssen. Die ASCII-Codes sind also auch Zwischenstationen für die reinen Binärdaten, denn der Mensch will schließlich keine Binärzahlen in den Computer eintippen oder auf den Drucklisten solche entschlüsseln müssen. Das sind Umstände, an die sich nur noch die heute etwa 50jährigen "Großväter" der Computergeschichte erinnern können. Nachdem wir uns mit diesen Grundlagen vertraut gemacht haben, wollen wir uns der technischen Struktur des Computers zuwenden.

Alfonsine *So richtig habe ich das Binärsystem noch nicht verstanden! Ich finde es einfach unmöglich!*

Rudi R. *Das kannst du auch ruhig weiterhin finden. Ein Computeranwender hat in der Regel nichts mehr mit solcher Kleinarbeit zu tun. Es ist aber gut, wenn auch er ungefähr weiß, wie seine Hardware funktioniert. In seiner Umgebung wird hin und wieder über Bits und Bytes geredet werden, und da möchte man doch wissen, was sich hinter solchen Begriffen verbirgt.*

Hardware

Fassen wir nun die Fakten über den Computer noch einmal in folgenden Merksätzen zusammen:

- Ein Computer ist eine elektronische Datenverarbeitungsmaschine.
- Daten sind vorwiegend Zahlen und Buchstaben, die durch ein Programm im Computer Bit für Bit verarbeitet werden.
- Verarbeiten heißt: eingeben, rechnen, manipulieren, speichern und ausgeben.
- Mit Ein- und Ausgeben sind alle Verbindungen zwischen der menschlichen Umwelt und dem Computer gemeint.

In diesem Abschnitt soll der Computer mit seinen wesentlichen Funktionselementen, die in Bild 4 dargestellt werden, von innen nach außen vorgehend, erklärt werden. Auf Details muß dabei verzichtet werden.

Gesamtansicht eines PC 1715

Für die Beschreibung des Innenlebens eines Computers wechseln wir jetzt das Computersystem. Wir beschreiben den etwas größeren und leistungsfähigeren "älteren" Bruder unseres PC, den Bürocomputer A 5120 (BC). Dafür haben wir folgende Gründe:

- Der BC ist streng modular aufgebaut, eine Produktionsweise, die sich bei den PC-Nachfolgern wieder durchsetzt.
- Der erheblich billigere PC 1715 besitzt die gleichen Funktionselemente, sie sind aber weitgehend auf einer nicht genormten Leiterkarte

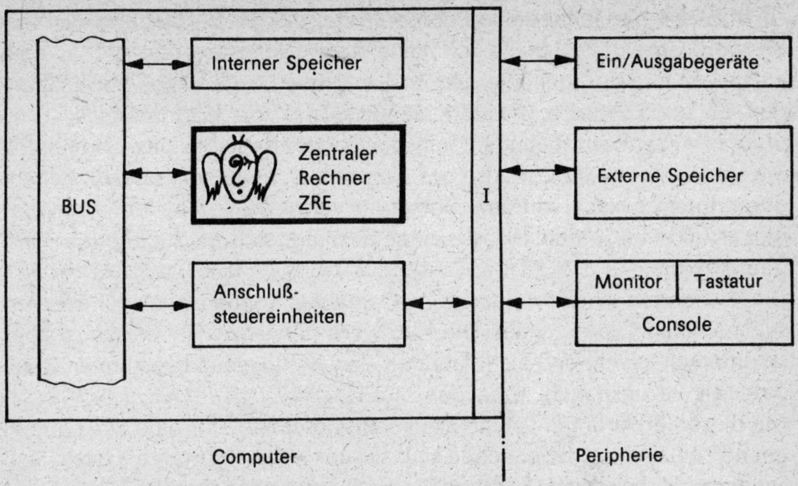

Bild 4 Schematische Grobdarstellung der Computer-Hardware

untergebracht. Diese Konzentration würde die Übersicht in unserem Bild 4 erschweren.

– Beide Computertypen haben eine fast gleiche Anwenderfreundlichkeit, und auch die Unterschiede in der Leistungsfähigkeit fallen kaum ins Gewicht.
– Für den Fibelleser soll dieser unbequeme Wechsel lehrreich sein. In seiner späteren Praxis wird er sich an das Vorhandensein verschiedener Computertypen und Betriebssysteme gewöhnen müssen – im "Computerüberblick" gehen wir auf diese Vielzahl noch einmal genauer ein.

Die Funktionselemente im Computer sind in der Regel *Leiterkarten,* auf denen sich die für ihre Funktion notwendigen elektronischen Bauelemente, Elemente der herkömmlichen Elektronik (Widerstände, Transistoren, Dioden usw.) sowie in zunehmendem Maße Schaltkreise (circuits) der Mikroelektronik befinden. Mit zumindest für ein Computersystem genormten Steckern sind die Leiterkarten auf den *BUS* gesteckt, der ebenfalls eine Leiterkarte und für die Signalübertragung zwischen den inneren Funktionselementen des Computers zuständig ist.

Mit der Entwicklung der Mikroelektronik werden die Funktionselemente immer kleiner, und damit wird es möglich, mehrere Funktionselemente auf einer Leiterkarte unterzubringen. So entsteht letztlich der sogenannte billige "Einplatinencomputer" (unser PC ist beinahe ein solcher). Andererseits läßt sich immer mehr Leistungsfähigkeit in einen PC stecken.

"I" in Bild 4 bezeichnet eine Buchsenleiste, die die Verbindung zur "Außenwelt" ermöglicht. Diese Schnittstelle wird *Interface* genannt, und sie entspricht in der Regel einer Norm. Genormte Dinge tragen Bezeichnungen. So spricht man z. B. vom K1520-BUS und vom IFSS-Interface.
In der "Außenwelt" befinden sich die Peripheriegeräte des Computers. Sie sind zum Teil im Gehäuse des Computers eingebaut, andere stehen, durch Interfacekabel mit dem Computer verbunden, daneben. Auch hier gibt es für eine Computerklasse einen bestimmten Kreis zugehöriger Peripheriegeräte.
Die bisherigen Ausführungen zum Computer können noch für die verschiedensten Typen gelten. Die Hardware der einzelnen Geräte ist aber so unterschiedlich, daß die folgenden Abschnitte einen bestimmten Computer als Bezugsmodell verlangen.
Mit diesen Erklärungen ist die Blackbox "Computer" für eine Fibel hinreichend "beleuchtet", aber schon sind für uns neue "schwarze Kästen" entstanden: die Leiterkarten, der BUS und die Peripheriegeräte. Diese Funktionselemente sollen noch grob erklärt werden.

Der Computerprogrammierer, der "Softwaremann", sollte wenigstens ein Gefühl für seine Hardware haben – auch der Autofahrer fährt besser mit "Gefühl" für seine Hardware, den Motor, die Bremsen usw.

Die Struktur und die innere Funktion der elektronischen Bauelemente auf den Leiterkarten müssen hier weitgehend Blackbox bleiben. Diesen Kenntnisse benötigen der "Hardwaremann" und der Programmierer, der die Basissoftware, die den Computer erst funktionsfähig macht, erarbeitet. Für diesen Typ von Software gibt es deshalb auch den Begriff "Firmware", den man mit "die noch in der Herstellerfirma zu erarbeitende Software" übersetzen könnte.

Der zentrale Rechner (ZRE)

Die Leiterkarte "ZRE" ist das Kernstück des BC. Sie entspricht, wie alle im folgenden beschriebenen Leiterkarten, der Norm des Mikroprozessorsystems "K1520". Folgende Bauelemente sind auf ihr funktionsbestimmend:
– CPU "U880 D" (central processing unit, Zentrale Steuer-/Recheneinheit),
– ROM (read only memory, Nur-Lese-Speicher).
Nach dem Einschalten des Computers muß, wir wissen es schon, ein Programm aktiv werden, um überhaupt mit ihm arbeiten zu können. Dieses

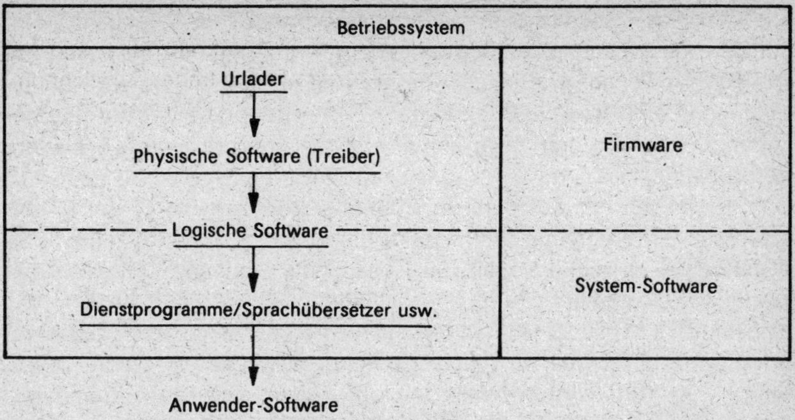

Bild 5 Grobdarstellung des Betriebssystems

Programm, es gehört natürlich zur Firmware, nennt man Ladeprogramm oder *Urlader.* Es ist im "Nur-Lese-Speicher" ROM gespeichert und darf die Speicherkapazität von 1024 Bytes nicht überschreiten. Das ist viel zu wenig Platz für ein Programm, um alle Computergrundfunktionen in Gang zu setzen. Die dafür noch notwendige Firmware befindet sich auf einem externen Speichermedium, der Systemdiskette, die vom Urlader in den Computer nachgeladen wird.
Die ROM werden mit speziellen Techniken außerhalb des Computers, aber unter seiner Steuerung beschrieben. Diese Informationen sind jetzt "eingebrannt" und können nur noch bei besonderen ROM-Typen mit konzentriertem UV-Licht wieder gelöscht werden. Ein Ausschalten des BC zerstört diese Informationen also nicht; der Urlader wartet nur auf das erneute Einschalten, um sofort loszulegen. Fällt es schon auf? Wir können nicht über Hardware plaudern, ohne die Software zu erwähnen. Deshalb vorab schon etwas über Software, mehr dann im 3. Abschnitt dieser Fibel.
Jeder Computer verfügt über eine bestimmte Anzahl von Programmen, die ihn erst zur funktionierenden Maschine machen. Alle diese Softwareprodukte werden unter dem Oberbegriff *Betriebssystem* zusammengefaßt (vgl. dazu das Schema in Bild 5).
Programme des Betriebssystems funktionieren immer nur für eine konkrete Hardware. Die logischen Programme liegen an einer sogenannten *Nutzerschnittstelle* innerhalb des Betriebssystems. Über sie kann ein Systemprogrammierer aus seinem das Betriebssystem ergänzenden oder kontrollierenden Programm relativ einfach die Verbindung zur Firmware herstellen. Anwender benutzen diese Schnittstelle normalerweise nicht.

Die über dieser Schnittstelle – in Richtung Anwender – liegende Systemsoftware kann manchmal schon auf andere Hardware übertragen werden. Die vom Anwender erarbeiteten Programme sind, wenn sie gewisse Bedingungen einhalten, voll übertragbar. Sie wurden ja nicht für eine bestimmte Hardware erarbeitet, sondern sollen in erster Linie ein Anwenderproblem lösen.
Das Abarbeiten der Software im Computer realisiert die CPU. Sie entschlüsselt ein Programm und erzeugt die für die Computerfunktion notwendigen elektrischen Signale. Sie ist somit die Chefin aller Funktionselemente des Computers.
Die von der CPU ausgesandten Signale werden von den von ihr angesteuerten Funktionselementen empfangen und, wenn sie es fordert, beantwortet. Die CPU wird auch als Mikroprozessor bezeichnet (Computerfachleute sagen oft und gern "Mikroprofessor").
Die Programme müssen sich in einem internen Speicher des Computers befinden, der von der CPU angesteuert werden kann. Sie müssen aus einer Folge von für die CPU gültigen Binärcodes (in unserem Fall kann die CPU zwischen 158 verschiedenen Bitkombinationen in den Bytes des internen Speichers unterscheiden) bestehen.
Die Funktionsweise der CPU läßt sich mit einem Flußplan darstellen, der in Bild 6 gezeigt und in der EDV häufig benutzt wird.
Befehl und Adresse sind Begriffe, die unmittelbar mit der Schnittstelle "Hardware – Software" zu tun haben und in beiden Komplexen mit gleicher Bedeutung benutzt werden.

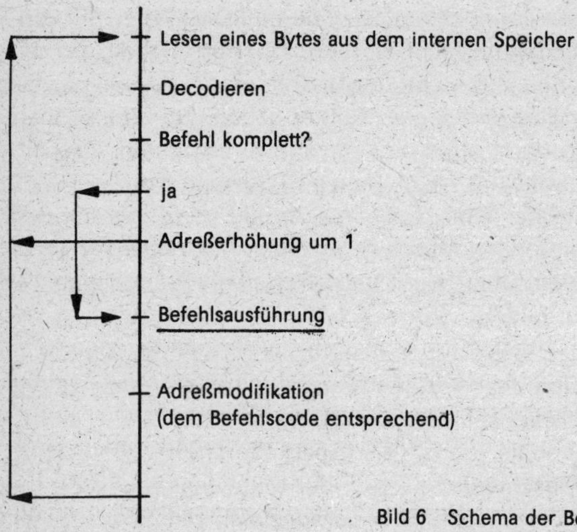

Bild 6 Schema der Befehlsabarbeitung in der CPU

Der *Befehl* ist das kleinste Element eines Maschinenprogramms. Er wird als gültiger Binärcode in einem oder in mehreren Bytes im internen Speicher des Computers gespeichert.

Die *Adresse* bezieht sich auf den 1-Byte-Speicherplatz eines internen Speichers. Mit ihrer Hilfe wird eine bestimmte Speicherzelle von der CPU angesteuert.

Sie wird "gelesen" oder "beschrieben".

Befehlsausführung bedeutet: Steuerung eines Computers, abhängig vom gerade in der CPU befindlichen Befehlscode.

Befehlscodes eines Maschinenprogramms können unter anderem
- den Transport eines Bytes zwischen CPU und internem Speicher veranlassen (man spricht sogar von "Transportbefehlen");
- arithmetische Operationen realisieren;
- logische Operationen ausführen, also die Veränderung der Abarbeitungsfolge in der CPU;
- Ein- und Ausgaben von Speicherinhalten auf Peripheriegeräte veranlassen;
- Steuersignale für die gesamte Hardware erzeugen, auch unabhängig vom Programmabarbeitungszyklus (Bild 6);
- die CPU in definierte Zustände versetzen, z. B. in einen Wartezustand.

Maschinenprogramme werden in der Regel in einer beschreibenden Sprache entwickelt und mit einem Übersetzungsprogramm "ASSEMBLER" 1:1 in das eigentliche Maschinenprogramm übersetzt. Rudi Rechenknecht hat z. B. vor einiger Zeit ein kleines Maschinenprogramm erarbeitet, mit dessen Hilfe er den ASCII-Code einer Taste der Computertastatur auf dem Monitor (Bildschirm) seines Computers darstellen kann. Im Normalfall erscheint der Buchstabe "A", wenn Taste "A" gedrückt wird. Es gibt aber eine Reihe von Tasten, die eine Steuerfunktion besitzen und für die kein Zeichen auf dem Monitor erscheint. Da die Betätigung einer Funktionstaste den Computer steuert, kann ein Anwender ihre Bedeutung anhand der Reaktion des Computers deuten. Ein Bastler oder ein ernsthafter Anwender, der die richtige Funktion der Tastatur überprüfen möchte, will auch einmal den Tastencode auf dem Monitor sehen. Listing 1 zeigt nun ein Assemblerprogramm, mit dem dieser Wunsch erfüllt werden kann. Es soll in diesem engen Fibelrahmen aber nur sehr knapp erklärt werden (vgl. das Assemblerprogrammbeispiel auf Seite 26/27).

Der Assemblercode steht rechts, der in platzsparender hexadezimaler Schreibweise dargestellte Maschinencode ist in der Mitte des Listings angeordnet, und ganz links stehen, ebenfalls hexadezimal, die Speicher-

```
                           ;ANZEIGE TASTENCODE IN DER FORM "L/R" (HEX), DER NACH BETAETIGUNG
                           ;EINER TASTE DER CONSOLETASTATUR VOM SCP-CONSOLEDRIVER GELIEFERT
                           ;WIRD (L=Linkes Halbbyte, R=Rechtes Halbbyte).
                           ;-------------------------------------------------------------------
                           ;
                           ;Bearbeiter: Seibert, KSR/ZSB
                           ;Anwendungsbedingungen:
                           ;----------------------
                           ;-Aufruf: tasta
                           ;-Nach Bereitmeldung auf dem Consolebildschirm liefert jeder
                           ; Tastendruck den zugehoerigen Hexa-Code.
                           ;-Tasten, die vom SCP-Consoledriver nicht verarbeitet werden,
                           ; liefern keinen Code.
                           ;-Das Programm ist endlos.
                           ;*********************************************************************

0005                SYST   EQU   0005H      ;SYSTEMEINSPRUNG-SCP
0000'  0E 09               LD    C,9        ;UEBERSCHR.AUF BS
0002'  11 004F'            LD    DE,TXT
0005'  CD 0005             CALL  SYST
0008'  11 0066'            LD    DE,CTXT    ;REGISTER "DE"<--CTXT'
000B'  D5           S1:    PUSH  DE         ;ZYKL:
000C'  1E FF        S10:   LD    E,0FFH
000E'  0E 06               LD    C,6
0010'  CD 0005             CALL  SYST
0013'  FE 00               CP    0          ;-TASTE BETAETIGT ?
0015'  28 F5               JR    Z,S10      ;-NEIN
0017'  D1                  POP   DE
0018'  47                  LD    B,A        ;-EINGEGEB.TASTENCODE SICHERN
0019'  CB 3F               SRL   A
001B'  CB 3F               SRL   A
001D'  CB 3F               SRL   A
001F'  CB 3F               SRL   A
0021'  E6 0F               AND   0FH        ;-LI.HALBBYTE < 0AH ?
0023'  FE 0A               CP    0AH
0025'  30 04               JR    NC,S11     ;-NEIN
0027'  F6 30               OR    30H
0029'  18 04               JR    S12        ;-LI.HALBBYTE (0-9,ASCII)
002B'  D6 09        S11:   SUB   9
```

```
002D'   F6 40               OR     40H           ;-LI.HALBBYTE (A-F,ASCII)
002F'   12          S12:    LD     (DE),A        ;-LI.HALBBYTE --> CTXT'
0030'   13                  INC    DE
0031'   13                  INC    DE
0032'   78                  LD     A,B
0033'   E6 0F               AND    0FH
0035'   FE 0A               CP     0AH           ;-RE.HALBBYTE < 0AH ?
0037'   30 04               JR     NC,S2         ;-NEIN
0039'   F6 30               OR     30H           ;-RE.HALBBYTE (0-9,ASCII)
003B'   18 04               JR     S3
003D'   D6 09       S2:     SUB    9
003F'   F6 40               OR     40H           ;-RE.HALBBYTE (A-F,ASCII)
0041'   12          S3:     LD     (DE),A        ;-RE.HALBBYTE-->CTXT'+2
0042'   1B                  DEC    DE
0043'   1B                  DEC    DE
0044'   0E 09               LD     C,9           ;-AUSG.TASTATURCODE AUF BS
0046'   CD 0005             CALL   SYST
0049'   11 0066'            LD     DE,CTXT
004C'   C3 000B'            JP     S1
004F'   41 4E 5A 45         TXT:   DEFM 'ANZEIGE TASTATURCODE'
0053'   49 47 45 20
0057'   54 41 53 54
005B'   41 54 55 52
005F'   43 4F 44 45
0063'   0D                  DEFB   0DH
0064'   0A                  DEFB   0AH
0065'   24                  DEFB   24H
0066'   20 2F 20    CTXT:   DEFM   ' /
0069'   0D                  DEFB   0DH
006A'   0A                  DEFB   0AH
006B'   24                  DEFB   24H
                            END

No Fatal error(s)
```

Listing 1 Assemblerprogrammbeispiel

adressen. Um einen Hexadezimalwert als Adresse zu kennzeichnen, benutzt der ASSEMBLER einen Apostroph.
Hexacodes können wir leicht erklären, wenn wir wissen, daß im Hexadezimalsystem die Ziffern 0 – 9 und A – F (für 10 – 15) existieren und die Basis dieses Positionssystems 16 ist. Beispielsweise gilt:

$$000E' = E \cdot 16^0 = 14 \cdot 16^0 = \text{Adresse } 14.$$

In der mittleren Spalte des Listings werden die Speicherinhalte zur links stehenden Anfangsadresse angegeben. Ein Assemblerbefehl belegt also mit seinem Binärcode Speicherplatz.
Der logische Befehl "JR NC,S2" auf den Adressen 0037/0038 verändert beispielsweise die Abarbeitungsreihenfolge der CPU, die normalerweise das Programm mit dem Befehl, der 2 Bytes weiter auf 0039' steht, abarbeiten würde. Dieser Sprung wird aber nur ausgeführt, wenn der Schalter C (carry) nicht eingeschaltet ist, und das geschieht wiederum nur, wenn der logische Befehl auf 0035' (ein Vergleichsbefehl) eine "negative Antwort" liefert.
Maschinenbefehle sind irgendwelche "wilden" Binärcodes, die sich nicht immer in der ASCII-Codetabelle im Fibelanhang wiederfinden lassen. Es sind auch keine ASCII-Codes, und eine eventuelle Gleichheit mit einem Tabellenwert ist Zufall. Mit ASCII-Codes werden alphanumerische Daten im Speicher dargestellt, und solche Daten finden wir in Listing 1 auf den Speicheradressen 004F bis 006B, dort natürlich sinnvoll durch das Programm eingetragen. So wird z. B. ab 004F' ein Überschriftstext für den Monitor (Bildschirm) bereitgestellt, der mit ASCII-Steuercodes für den Bildschirm abgeschlossen sein muß. Ab 0066' wird ein Speicherbereich freigehalten, in den im Programmverlauf der für die Anzeige auf dem Monitor aufbereitete Tastencode der jeweils betätigten Taste eingetragen wird. Unser BASIC-Programm im Anhang erzeugt die dort befindliche "persönliche" Codetabelle, mit der sich jeder Programmierer irgendwann einmal befassen muß. Für den Fibelleser illustriert sie noch einmal die Zusammenhänge zwischen Dezimal-, Hexadezimal- und Binärzahlen, die sich in einem Byte unterbringen lassen. Bit Nr. 7 dieses Bytes muß im ASCII-Code frei bleiben. Ihm ist bei Datenübertragungen zwischen dem Computer und seinen Peripheriegeräten oder zwischen zwei Rechnern die Funktion eines Kontrollbits zugewiesen – deshalb gibt es auch nur 128 Codierungsmöglichkeiten, die aber, wie wir sehen, völlig ausreichen.
Im Abschnitt 4 stellen wir ein BASIC-Programm vor, mit dem (bis auf einige Einschränkungen, die beinahe immer bei Benutzung höherer Programmiersprachen für solche hardwarenahe Programmierung entstehen) ebenfalls eine Tastencodedarstellung auf dem Monitor erreicht wird. Der

Programmieraufwand ist hier allerdings viel geringer, und Programmierfehler sind viel schneller gefunden. Die ASCII-Codetabelle muß auch hier zum Vergleich herangezogen werden, denn das Ziel war ja die Überprüfung der Tastatur, die in der Regel aber fehlerfrei funktioniert.

Vater A. *Also, nun verstehe ich gar nichts mehr!*

Rudi R. *Das kann man von einem frischgebackenen Anwender auch nicht erwarten. Wichtig ist, daß du aus dem Beispiel erkennst:*

- *Ein Maschinenprogramm besteht im Computer aus Binärcodes, die fortlaufend abgespeichert werden.*
- *Ein Maschinenbefehl kann aus mehreren Bytes bestehen.*
- *Zur Darstellung binärer Speicherinhalte wird oft das platzsparende Hexadezimalsystem eingesetzt, denn Hexacodes lassen sich sehr einfach in Binärcodes umwandeln.*
  Beispiel: hexa "11" ist binär = 0001 0001. Die linke Hexagröße geht in ein sogenanntes linkes Halbbyte, die rechte in das rechte Halbbyte in der Binärdarstellung eines Bytes. Ein Halbbyte, auch "Nibble" genannt, enthält dann nach Adam Ries 4 Bits.

Mehr brauchst Du von diesem "Hardwaretestprogramm" nicht zu verstehen. Du kannst bedenkenlos weitermachen.

Signale, die zwischen den Funktionselementen des BC pendeln sollen, müssen über Signalleitungen gejagt werden. Zum Beispiel lösen die Befehle LD DE, ... in Listing 1 solche Signale aus.
Ihre Vielzahl würde nun zu einem wüsten Drahtgewirr im Computer führen, und bei den älteren Rechnertypen ist das auch der Fall. Da gibt es nur eine Abhilfe, das BUS-System.

Das BUS-System

Der BUS ist ein für das Mikrorechnersystem genormter Signalübertragungskomplex in Form einer Rückverdrahtungsleiterkarte, die wie eine Rückwand im Gefäßsystem für die Leiterplatten des BC ausgeführt ist. Auf ihren Steckplätzen werden die für den BC notwendigen Leiterkarten einfach aufgesteckt. Der BUS ist erweiterbar, d. h., er besitzt noch freie Steckplätze, auf die spezielle Leiterkarten für Spezialanwendungen des BC gesteckt werden können.
Jedes Signal der CPU benötigt seine Leitung auf dem BUS, und alle Versorgungsspannungen für die elektronischen Bauelemente werden ebenfalls über die Leiterzüge dieser Platine geführt. Diese Leiterzüge besitzen

"Namen", und im BC existieren 8 Daten-, 16 Adreß-, 19 Steuer- und 15 Spannungsleitungen, von denen nicht alle belegt bzw. einige doppelt belegt sind. Über 58polige Stecker werden diese Leitungen zu der angesteuerten Leiterkarte geführt; dort gelangen sie über die adressierten Pins (Beinchen) der Schaltkreise und Bauelemente in diese Bauelemente. Pins und Steckkontakte sind im Computer in der Regel vergoldet, um eine große Kontaktsicherheit zu gewährleisten.
Damit auf den Datenleitungen kein Verkehrschaos entsteht, muß die CPU auch noch "Verkehrspolizei" spielen. Sie muß die Sonderbefugnisse und schnellen Einsatzwagen mit besonders privilegierten Signalen, den *Interrupts* (das sind Unterbrechungssignale), realisieren. Die Interruptsteuerung eines Computers ist ein modernes Mittel, ihn schnell und sicher zu machen.
8 Datenleitungen erlauben den gleichzeitigen Transport von 8 Datensignalen (1 Byte).

Der BC gehört zu der Klasse der 8-Bit-Computer. Es gibt auch schon 16-Bit- und 32-Bit-Computer, die immer leistungsfähiger werden, je größer die Verarbeitungsbreite der CPU und auf dem Datenbus wird.

Interessierte zukünftige Elektroniker müssen sich zu diesem Thema in der Fachliteratur umsehen. Sie sollten mit Informationen über einen 2-Bit-Computer beginnen.
16 Adreßleitungen gewährleisten einen Adreßraum von

0000000000000000 bis 1111111111111111,

das sind 65536 Speicherplätze (Bytes) im internen Speicher des BC. Und wenn wir vom Adreßraum schreiben, wird die Besprechung des nächsten Funktionselements unseres BC unerläßlich.

Der interne Speicher

Diese Platine ist hauptsächlich mit RAM-Schaltkreisen bestückt, die ein "Schreiben" *und* "Lesen" auf und von adressierten Speicherplätzen zulassen. ROM-Schaltkreise dagegen, wir kennen ja bereits einen von der ZRE, lassen sich nur lesen und behalten ihren Inhalt bei "Strom aus".
Die Möglichkeit "Schreiben/Lesen" ist, auch das wissen wir schon, notwendig für das Funktionieren des Computers. Man möchte doch verschiedene Programme abarbeiten. Ein nicht mehr benötigtes Programm muß in diesem Fall im internen Speicher überschrieben werden können.

Die Programme verwalten in der Regel auch Daten in den Speicherzellen der RAM, d. h., sie beschreiben diese Zellen, lesen ihren Inhalt im Programmverlauf wieder in die CPU und wollen diese Speicherplätze auch einmal mit anderen, im Programmverlauf entstandenen Daten überschreiben.

Die Hauptmenge der physischen und ein Teil der logischen Programme des Betriebssystems befindet sich ebenfalls im internen Speicher. Sie wurden durch den Urlader dorthin gebracht und dürfen durch ein Nutzerprogramm nicht überlagert werden. Sie engen natürlich den für den Nutzer verfügbaren Speicherraum ein, sind aber bekanntlich für die Funktionsfähigkeit des Computers unerläßlich.

Jetzt muß die in der Umgangssprache der Computerfachleute übliche Maßeinheit der Speicherkapazität definiert werden.

$$1\,K = 2^{10} = 1024 \text{ Bytes}$$

Unser BC besitzt eine Speicherkapazität von 64 KBytes = 65536 Bytes. Wäre im internen Speicher unseres BC schon ein Programm eingetragen, könnte er sich jetzt mit sich selbst beschäftigen. Um aber Programme in ihn hinein- und Daten sowie die Ergebnisse dieser Programme hinein- und herauszubekommen, müssen Möglichkeiten für eine Ein- und Ausgabe dieser Daten vorhanden sein. Bevor aber ein Drucker in der Peripherie für uns lesbare Daten druckt, müssen diese Daten entsprechend umgewandelt werden, sie müssen dem Gerät der Ein- oder Ausgabe angepaßt werden. Dabei spielt z. B. auch die Übertragungsgeschwindigkeit eine Rolle, und für alle diese teilweise recht komplizierten Anpassungsarbeiten gibt es in unserem BC die von der CPU aus steuerbaren Steckeinheiten.

Die Anschlußsteuereinheiten

Eine "Handvoll" Anschlußsteuereinheiten, die in ihrer Bezeichnung in der Regel das "A" als erstes Zeichen besitzen, übernehmen den Datentransport zwischen ZRE und Peripherie. Die auf ihnen eingesetzten Bauelemente der Mikroelektronik (CTC, PIO und SIO) sind von der CPU aus ansteuerbar und ermöglichen einen variablen Einsatz dieser Leiterkarte für verschiedene Peripheriegeräte. Es gibt z. B. für unseren BC verschiedene Tastaturen und Drucker, die über die für sie zuständige Anschlußsteuereinheit – nur anders programmiert – angesteuert werden. Diese "Ansteuerprogramme" sind ziemlich komplizierte Teile des Betriebssystems. Sie werden *Treiber* genannt. Buchsen an den Anschlußsteuereinheiten stellen das schon bekannte Interface dar, die Möglichkeit für Bits und Bytes, in den Computer zu krabbeln oder aus ihm herauszuflitzen; sind es

Bits, spricht man von einem seriellen Interface (Bit nach Bit), sind es Bytes, von parallelen Interfaces (8 Bits gleichzeitig). Die verschiedenen Interfaces sind häufig auch schon an den Stecker- und Kabelstärken zu erkennen. Die dicken Bytes benötigen auch die dickeren Anschlüsse.
Über das Interface gelangen wir bei unserer kurzen Betrachtung wieder in die menschliche Umwelt, in der wir die Geräte des Computers finden, die hauptsächlich seinen Einsatz in der Arbeitswelt des Menschen bestimmen.

Die Peripheriegeräte

Peripheriegeräte sind aus dem Computer ausgelagerte Funktionselemente, die mit Ausnahme des externen Speichers die Ausgangs- oder Endstelle der Datenumwandlung darstellen:
"Computerdaten ↔ Daten der menschlichen Umwelt".
Diese Geräte sind mit elektromechanischen Funktionsgruppen, z. B. einer Druckmechanik, ausgerüstet. Das macht diese Geräte im Vergleich zur Verarbeitungsgeschwindigkeit im Computer sehr langsam. Aus diesem Grunde werden in modernen Peripheriegeräten Mikrorechner eingesetzt, die mit Hilfe von auf ROM befindlichen Mikroprogrammen zur optimalen Bearbeitung beitragen. Sie können z. B., bevor Daten verlorengehen, "Hilferufe" an den Computer senden, und der kann seine Ausgabegeschwindigkeit drosseln, wenn er über "verständnisvolle Treiber" verfügt. Sie können auch Daten zwischenspeichern (puffern) und verbessern damit unter Umständen die Situation wesentlich.

Die Console

Das wichtigste Peripheriegerät eines jeden Computers ist die Console. Die Console des BC ist das steuernde Ein/Ausgabegerät und besteht aus den Funktionseinheiten Tastatur und Monitor (Bildschirm).
Die *Tastaturen* (es gibt verschiedene Ausführungen) ermöglichen eine Bedienung des Computers. Er erwartet nach dem Einschalten und der durch den Urlader veranlaßten Abarbeitung des "unteren" Betriebssystems Kommandos, die in einem Bedienerhandbuch beschrieben sind. Erinnern wir uns, das Kommando `TP` lädt dieses gleichnamige Programm und funktioniert den erst einmal universell einsetzbaren BC zu einer Textverarbeitungsmaschine um. Anwenderprogramme müssen normalerweise ebenfalls mit Steuerkommandos und Daten bedient werden, so auch unser `TP`. Wer sich nicht mehr erinnert, muß die ersten Seiten dieser Fibel noch einmal lesen.
Der Monitor macht sichtbar, was man in den Computer eintippt. Jede Ta-

stenbezeichnung erscheint als entsprechendes Zeichen auf dem Monitor (ähnlich wie auf dem Bogen Papier in der Schreibmaschine) und kann auch von dem gerade aktiven Programm eingelesen werden.
Eine Reihe von Tasten sind Funktionstasten, die wir auf keiner Schreibmaschinentastatur vorfinden. Sie dienen unter anderem der Steuerung des Schriftbildes auf dem Monitor. Die aktuelle Schreibposition wird auf dem Monitor durch eine kleine Marke, den *Cursor*, angezeigt, die sofort nach Betätigung einer Zeichentaste in die nächste Position hüpft, normalerweise in die nächste Position einer Zeile. Durch bestimmte Funktionstasten kann der Cursor nun an einer beliebigen Stelle auf dem 80 × 24 Zeichen großen Bildschirm plaziert werden, und an dieser Stelle würde das nächste eingegebene Textzeichen erscheinen.

<u>Vater A.</u> Warum sind die Funktionstasten auf den verschiedenen Tastaturen eigentlich so unterschiedlich bezeichnet? Mir ist aufgefallen, daß sie teilweise auch nicht an den gleichen Stellen zu finden sind. Auf deinem Entwicklungs-BC, Rudi, ist die Funktionstaste, mit der jede Eingabezeile beendet wird, mit "ENTER" bezeichnet. Bei mir heißt sie "ET".

<u>Rudi R.</u> Genau kann ich dir das auch nicht beantworten. Ich denke, die Tastaturen sind für verschiedene Anwendungszwecke entwickelt worden.
Meine Tastatur enthält z. B. noch ein Extrafeld für numerische Dateneingaben in einer Anordnung, wie sie auf der früher im Büro eingesetzten Saldiermaschine vorhanden war. Ich habe auch schon Tastaturen mit kyrillischer Beschriftung der Tasten gesehen.
Wichtig ist bei allen Tastaturtypen: Die Taste ET oder ENTER (oder wie sie sonst benannt sein mag) beendet immer die Eingabe einer Zeichenfolge. Die Zeichenfolge kann ein Kommando oder ein Datensatz sein; sie ist erst im Computer, wenn die "Eingabeendetaste" betätigt ist, und so wollen wir diese Taste auch nennen – unabhängig davon, wie sie bezeichnet ist. Die Übernahme einer Zeichenfolge erst nach der Betätigung einer Funktionstaste ist übrigens eine ganz pfiffige Lösung. Fehlerhafte Tastenbetätigungen, die man am falschen Monitorbild erkennt, können so vor Betätigung unserer so ausführlich behandelten Eingabeendetaste beliebig korrigiert werden.

Programme können auch Ausgaben auf den Monitor veranlassen, und auf diese Weise kann ein "Mensch-Computer-Dialog", ein Zwiegespräch zwischen dem Anwender und dem Computer, aufgebaut werden. Natürlich muß dieser Dialog programmiert sein. Ein gut verständlicher Dialog deutet in der Regel auf ein gut durchdachtes PC-Programm hin, während ein schlechter Dialog bei der Benutzung eines solchen Programms einige Verwirrung auslösen kann. Und wenn der Anwender dann auf den Computer schimpft, tut er ihm bitter Unrecht!

Dialogtexte müssen kurz gehalten werden, denn nach der Darstellung von 24 Zeilen rollt die zuerst geschriebene Zeile aus dem Bild aus und ist damit aus dem auf dem Monitor darstellbaren Sichtfeld verschwunden. Über eine Funktionstaste kann der versierte Bediener allerdings den Drukker als Protokollgerät parallel schalten und erhält so eine Dokumentation aller Dialogeingaben und -ausgaben, die in einer *Sitzung*, der Zeit zwischen Ein- und Ausschalten des Computers, getätigt wurden.

Ein bedeutendes Kriterium für die Leistungsfähigkeit eines PC sind die Größenklasse und die Anzahl der eingesetzten Diskettenlaufwerke. Diese Geräte gehören in die Gruppe externe Speicher.

Die externen Speicher

Der PC verfügt über die modernen externen Speicher "Diskettenlaufwerke". Das Speichermedium ist die Diskette, auch Floppy-Disk genannt, die der Bediener des PC, abhängig von ihrem Inhalt, in ein Laufwerk einlegen muß, bevor sie von einem Programm benutzt werden kann. Auch diesen Vorgang kennen wir schon aus der Einleitung unserer Fibel.

Die Aufbewahrung der Disketten muß natürlich vom Menschen organisiert werden, und das bedeutet Fehlergefahr bei sorgloser Verwaltung.

Die Diskette ist ein Scheibchen mit magnetisierbarer Oberfläche, die ähnlich wie die Tonbandtechnik mit Hilfe eines "Lese/Schreibkopfes" arbeitet, allerdings mit höchster Präzision. Ein störendes Geräusch bei einer Tonaufzeichnung entspricht hier einem Datenfehler mit meist katastrophalen Folgen für die gerade laufende Programmabarbeitung. Die Präzision veranschaulicht Bild 7.

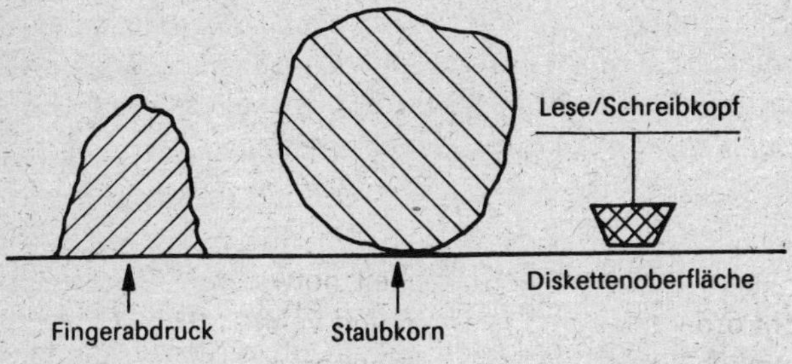

Bild 7 Darstellung einer Diskettenoberfläche mit Verschmutzungen

Disketten sind immer mit einer Hülle versehen, die auch beim Einlegen in das Diskettenlaufwerk nicht entfernt wird. Nur durch eine Lese-Schreib-Öffnung in der Hülle besteht Verschmutzungsgefahr, aber die Innenflächen der Hüllen enthalten Selbstreinigungsmechanismen, die Datenfehler erstaunlich selten machen.
Die Speicherkapazität einer 5,25"(Zoll)-Minidiskette beträgt, je nach eingesetztem Betriebssystem, 120 bis 180 K. Es gibt auch PC mit 8"-Laufwerken, die dann etwa die doppelte Datenmenge speichern können, und neu entwickelte Laufwerke können schon bei 5,25" die beinahe 4fache Menge an Bytes speichern.
Ein weiteres Gerät dieser Gruppe ist das als Beistellgerät ausgeführte Kassettenlaufwerk, zu dem sich weitere Erklärungen erübrigen, da wir beinahe alle Kenner eines Recorders sind.
Allerdings handelt es sich hier um Digitalkassetten, auf denen Bits aufgezeichnet werden, die beim Abspielen auf unserem Recorder eine ungewöhnliche Musik erzeugen würden. Das Material dieser Digitalkassetten muß den gleichen Qualitätsforderungen entsprechen, die an die Diskette gestellt werden.
Mit dem Einsatz externer Speicher hat das Computerprogramm erst die Möglichkeit, umfangreichere Datenverarbeitungsaufgaben zu lösen. Ein Programm, wie es im Abschnitt über die ZRE vorgestellt wurde, benötigt eigentlich keine Diskette. Es wurde aber selbst auf einer Diskette archiviert, damit es für eine weitere Anwendung nicht erneut über die Tastatur eingetippt werden muß. Es wird durch Eingabe seines Namens, den man selbst wählen kann und der hier z. B. `TASTA` lautet, schnell und sicher von der Diskette in den internen Speicher geladen und von dort aus abgearbeitet. Die logische Zusammengehörigkeit von Daten – die Befehle eines Programms gehören z. B. logisch zusammen – wird in sogenannten *Dateien*, die durch den Floppytreiber des Betriebssystems aufgebaut und verwaltet werden, auf der Diskette organisiert. Für solche Datengruppen müssen Dateinamen verwaltet werden. Ein solcher Dateiname ist z. B. `TASTA`. Der Dateiname ist das Startkommando für ein Programm. Liegt nun die falsche Diskette im Laufwerk, also eine Diskette, die die gesuchte Datei nicht enthält, meldet das Betriebssystem den Fehler mit `"Dateiname?"` – erinnern wir uns an Vater Anwenders Fehlversuch, `TP` zu starten! In allen Betriebssystemen gibt es aber auch Dienstprogramme, mit denen das Inhaltsverzeichnis, *Directory*, einer Diskette auf dem Monitor angezeigt werden kann. Das wird sehr schnell notwendig, wenn man seine Disketten nicht ordentlich kennzeichnet und verwaltet.
Um zeitlich und räumlich vom Computer getrennt erzeugte Eingabedaten (z. B. Lochband) einlesen zu können oder um Daten zu gewinnen, die erst

nach Abschalten des Computers vom Menschen benutzt werden sollen (z. B. Drucklisten), existiert eine weitere Gruppe von Peripheriegeräten, die Ein/Ausgabegeräte.

Die Ein- und Ausgabegeräte

In dieser Gerätegruppe, die ebenfalls über Anschlußsteuereinheit und Treiberprogramm angesteuert wird, soll nur der für jeden PC vorhandene Drucker behandelt werden. Die Lochbandperipherie ist nur bei bestimmten BC-*Konfigurationen*, das sind Gerätezusammenstellungen, vorhanden.

Es gibt mehrere Druckertypen. Sie unterscheiden sich durch
- Druckgeschwindigkeit,
- mechanisches Verfahren zur Erzeugung der Druckzeichen und
- ihre Bedienung.

Gemeinsam ist ihnen das Druckverfahren. Eine Druckzeile wird seriell erzeugt, d. h. durch einen in der Zeile wandernden Druckkopf – Zeichen nach Zeichen. Man spricht vom *Seriendrucker*, dessen Typbezeichnung immer mit den Buchstaben "SD" beginnt. Die Papiertransportmechanik dieser Drucker erlaubt die Benutzung unseres gewohnten Schreibmaschinenpapiers genauso wie die Verwendung des EDV-Endlospapiers, des sogenannten Leporello-Papiers.

Mutter A. *Leporello heißt der Sekretär, der in Mozarts Oper "Don Giovanni" das Sündenregister seines Chefs vorsingt. Er benutzt schon seit Mozarts Zeiten für ein so endloses Register einen Papierstapel, der wie eine Ziehharmonika gefaltet ist.*

Mit den bisher "erlesenen" Kenntnissen besitzen wir jetzt eine ausreichende Hardwareübersicht über unseren PC und kennen die wichtigsten Computer-Fachausdrücke. Es ist aber sinnvoll, noch einen Blick auf die gesamte Computerwelt zu werfen. In der Praxis werden vielfach Berührungspunkte zwischen dem PC und anderen Computern sichtbar, und überhaupt: Ein Überblick ist immer gut, sei er auch noch so grob.

Computerüberblick

Man spricht ganz allgemein von Computerklassen, in die die Computer entsprechend ihrer Leistungsfähigkeit eingeordnet werden können, denn auch in der Welt der Computer schießt man nicht mit Kanonen auf Spatzen.

Die in unserem Lande recht große, international kaum noch übersehbare Vielzahl von Computern läßt an dieser Stelle nur einen groben Überblick zu. Wir wollen uns mit der Kenntnis begnügen, daß man Computer grob in drei Klassen einordnen kann. Man unterscheidet

- große Computer (ESER),
- mittlere Computer (SKR),
- und kleine und Kleinstcomputer (BC, PC und Kleincomputer).

Computer aller Klassen sind heute streng standardisiert. Trotzdem gibt es in allen Klassen Außenseiter für spezielle Anwendungen, und die Leistungsunterschiede der Computer einer Klasse sind teilweise erheblich. Computer sind oft, wie in einem Baukastensystem, veränderbar, sie können durch "Ausbau" leistungsfähiger gemacht werden und mit der Entwicklung beim Anwender mitwachsen.

ESER-Computer gehören in das "Einheitliche System elektronischer Rechenanlagen" des RGW. Sie stehen in Rechenzentren, werden von Fachleuten bedient und umsorgt und verlangen klimatisierte und gegen elektromagnetische Felder abgeschirmte Räume. Ihre Hardware stellt immer den Wert von mindestens einigen 100 000 M dar. Sie besitzen eine schnelle und allen Forderungen gerecht werdende Peripherie.

Die mittleren Computer des SKR (System der Kleinrechner) fordern ähnliche Bedingungen. Diese Computer sind nicht ganz so anspruchsvoll wie ihre großen Brüder, leisten aber oft Erstaunliches. Vertreter dieser Klasse sind z. B.

- K1600-Systeme (DDR),
- CM-4 (UdSSR),
- I100 (VR Rumänien).

Computer dieser Größenklassen werden häufig für CAD/CAM-Anwendungen eingesetzt.

Das Koppeln von Computern, auch wenn sie verschiedenen Klassen angehören, kann sehr sinnvoll sein. Die Firmware für solche Kopplungen ist aber recht aufwendig. Der Aufwand ist nur gerechtfertigt, wenn er in einem angemessenen Verhältnis zum Nutzen steht. Betriebssysteme großer und mittlerer Computer lassen sich von mehreren Nutzerconsolen quasi gleichzeitig bedienen und lassen auch die gleichzeitige Abarbeitung mehrerer Programme zu. Die Nutzerconsolen sind oft weit entfernt voneinander aufgestellt, jedoch über das Telefonnetz mit dem Computer verbunden. Unter Nutzung dieser Möglichkeit werden diese Maschinen sehr effektiv ausgelastet und rechtfertigen so ihren hohen Preis.

Bei den kleinen Computern herrscht keine so konsequente Ordnung. Wir finden es richtig, wenn sich für diese Größenklassen der Computer der Oberbegriff "PC" durchsetzt, denn "P" steht für persönlich, d. h., jeder

Benutzer eines solchen Kleinen löst sein Problem mit dem Computer so, wie er es für sich benötigt, und nutzt ihn für diesen Zeitraum in eigener Verantwortung.
Das Spektrum der Kleinen reicht vom leistungsstarken 16-Bit-PC (auch AC = Arbeitsplatzcomputer) bis zum Kleincomputer (KC) für den "Hausgebrauch".
Hier sind auf Grund der raschen Hardwareentwicklung sehr bald Veränderungen zu erwarten. Unser Fibelgrundwissen wird aber weiterhin anwendbar bleiben.
Tabelle 1 ist der Versuch einer Klassifizierung der wichtigsten gegenwärtigen Computertypen. Diese Tabelle erhebt keinen Anspruch auf wissenschaftliche Exaktheit, sie soll lediglich einen schnellen Überblick über die schwer überschaubare PC-Landschaft ermöglichen.

Der Käufer eines PC muß sich vor dem Kauf also genau überlegen, mit welchem Computertyp und Betriebssystem er seine Aufgaben sicher und zukunftsorientiert lösen kann. Er berät sich sicherheitshalber mit einem Computerfachmann in seiner Umgebung. Die Betriebssysteme der Minis und Mikros können zur gleichen Zeit immer nur einen Anwender bedienen. Mehr wäre auch sinnlos, da die Peripherie zu leistungsschwach und 64 K interner Speicher für eine Teilung oder Aufsplitterung ebenfalls ungeeignet ist. Der interne Speicher bei den größeren Computern wird z. B. erst in 1000-K-Schritten gezählt, und bei den externen Speichern wird mit Megabytes gerechnet.
In unserer Fibel haben wir das gegenwärtig im Vordergrund stehende PC-Betriebssystem SCP ausprobiert.
Das in der Einleitung genannte `TP` läuft unter Steuerung durch dieses Betriebssystem SCP.

Tabelle 1
Klassifizierung der wichtigsten gegenwärtigen Computertypen

Typ	Hardware	Einsatzgebiet	Software
KC 85/1 85/2 85/3	– 8-Bit-CPU – Einplatinenrechner – Peripherie: Fernseher Recorder – Speicher bis 32 K	– Lehre	– BASIC-Betriebssystem im ROM – einfache Grafik unter BASIC-Steuerung
PC 1715	– 8-Bit-CPU – 64-K-Speicher Die Peripherie läßt sich in festgelegter Variabilität anschließen.	– Forschung und Technik – Textverarbeitung	– Betriebssystem SCP – Standardsoftware (REDABAS, KP, TP)
BC A5110 A5120 A5130	– 8-Bit-CPU – maximal 64-K-Speicher (mit speziellen Hard- und Softwarelösungen um etwa 60 % erweiterbar) – Peripherie recht variabel anschließbar – externe Speicher, vorwiegend Diskette im 100-K-Bereich	– kleine CAD/CAM-Anwendungen – Büroanwendung – Forschung und Technik	wie beim AC, jedoch mit Einschränkungen, die durch die geringere Speicherkapazität und Geschwindigkeit der CPU bedingt sind
AC 7100	– 16-Bit-CPU – Speicher $\geqq$256 K – modulare Struktur – weitgehend variable Peripherie – externe Speicher mit mittlerer Kapazität im Megabyte-Bereich	– mittlere CAD/CAM-Anwendungen – anspruchsvolle Büroarbeiten – Forschung und Technik	– Betriebssysteme für speziellen Einsatz – ASSEMBLER – Übersetzer für Hochsprachen – Programmiersysteme – Grafik-Software

2. Was ist elektronische Datenverarbeitung?

Wir wissen, was Daten sind, wir haben inzwischen eine Vorstellung vom Computer, der diese Daten mit Hilfe eines Programms verarbeitet.

Unter dem Begriff elektronische Datenverarbeitung (EDV) wollen wir die Gesamtheit aller Prozesse der Verarbeitung von Daten verstehen, einschließlich der Prozesse, die der Programmabarbeitung durch einen Computer vor- und nachgeordnet sind.

Die Umgestaltung von "schon immer so gemachten" Prozessen wird häufig vom Menschen abgelehnt. Die Ursache ist oft die Angst vor dem geheimnisvollen unbekannten "Computer", und auch deshalb sollte die Qualifizierung in die Problematik als Schritt "0" mit eingeordnet werden. Unsere Fibel entspricht diesem Schritt auf dem Weg in die Zukunft.
Bevor der Computer zu arbeiten beginnt, ist ein oft sehr hoher Aufwand für die *Datenverarbeitungsprojektierung* erforderlich, der vom "Projektanten" ein hohes Maß an Kenntnissen im neu zu gestaltenden Fachgebiet und über den Computer verlangt. Seine Tätigkeit ist mit Erfindertätigkeit zu vergleichen, während das Testen oder das Erproben der von ihm "erfundenen" Lösung viel Ähnlichkeit mit der Arbeit eines Kriminalkommissars hat. Eine kleine Geschichte soll diese Problematik veranschaulichen.

Die geheimnisvollen Bohrlöcher auf XX7736a

Utopische Erzählung von Alfonsine und Alfons
Eine Forschergruppe hat auf dem Himmelskörper XX7736a ein Bohrlochsystem entdeckt, dessen Tiefe sie im Rahmen ihres Forschungsauftrages ermitteln muß.
Ihr Meßgerät ist defekt, und lange Leinen, die als Lot eingesetzt werden könnten, sind nicht an Bord des Raumschiffes. Dafür liegt eine Menge kleiner Steinchen herum. Man könnte sie in die Löcher fallen lassen und aus dem Echo ihres Aufschlages die Bohrlochtiefe ermitteln. Damit ist auch schon die *Aufgabenstellung (I)* fixiert, und in Bild 8 wird sie, um keine Unklarheiten zu lassen, illustriert.
Nun heißt es für die Kosmonauten, die mathematische *Beschreibung der*

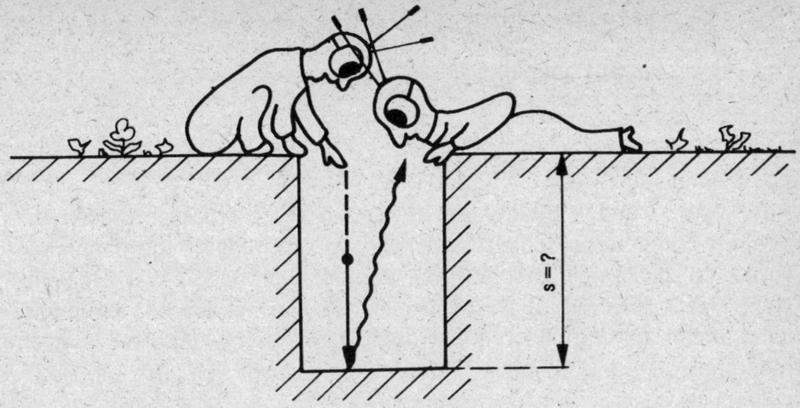

Bild 8 Forscher auf dem Himmelskörper XX7736a

Aufgabe (II) zu finden. Der Computerspezialist der Gruppe führt zwar seinen Minicomputer, ohne den er nie "das Haus verläßt", mit sich, besitzt aber für ein so ausgefallenes Problem kein Programm in der Bibliothek des Betriebssystems, die etwa 10000 Programme umfaßt. Zum Glück kann er sich noch an eine ähnliche Aufgabe aus dem Physikunterricht erinnern, die ihm in einer Zeit recht simpel vorgekommen ist, in der man so etwas mit dem am Arm getragenen Universalmeßsystem in Bruchteilen von Sekunden gelöst hat. Jetzt, da alle diese Meßgeräte aus ungeklärter Ursache ausgefallen sind, erinnert er sich dankbar an seine Physiklehrerin und ihre Aufgabe, die genau der vorliegenden Problematik entspricht. Sein "Rechenknechtsgehirn" hat also schon eine Lösung gespeichert, und so ist die mathematische Beschreibung der Aufgabe relativ schnell zu Papier gebracht. Auf seinen Computer mußte er bei dieser Arbeit verzichten – Denkarbeit war gefordert. Es gilt

$$s = g/2 \cdot t_1^2 \qquad (1)$$

für den freien Fall. Die Fallbeschleunigung *"g"* beträgt hier wie auf der heimatlichen Erde 9,81 m/s^2.

$$s = v \cdot t_2 \qquad (2)$$

für den Schall, dessen Geschwindigkeit hier ebenfalls wie auf der Erde v = 340 m/s beträgt.

Die Gesamtzeit T vom Abwurf bis zum Hören des Echos setzt sich aus der Zeit für den Fall (t_1) und der Zeit, die der Schall vom Aufschlag bis zum Ohr des lauschenden Forschers benötigt (t_2), zusammen, und folglich gilt

$$T = t_1 + t_2, \qquad (3)$$

woraus abgeleitet

$$t_2 = T - t_1$$

wird.

Aus diesen Grundgleichungen muß nun ein *Algorithmus* entwickelt werden, die computergerechte Abarbeitungsvorschrift. Der Algorithmus sagt zusätzlich zur Rechenvorschrift, der Formel, auch noch etwas zur Benutzung dieser Formel aus. Das Aufstellen der Formel aus den Grundgleichungen (1), (2) und (3) ist immer noch Denkarbeit – der Rechenknecht muß ohne seinen Computer weiterarbeiten. Er sagt sich (1) = (2), also

$$g/2 \cdot t_1^2 = v(T - t_1) = v \cdot T - v \cdot t_1.$$

Daraus läßt sich eine quadratische Gleichung aufstellen, deren Lösungsformel in jeder Formelsammlung zu finden ist:

$$x^2 + px + q = 0$$

$$x_{1,2} = -p/2 \pm \sqrt{p^2/4 - q}\ .$$

Mit $p = v/(g/2)$ und $q = p \cdot T$ wird jetzt analog formuliert

$$t_1^2 + p \cdot t_1 - q = 0 \qquad (4)$$

und daraus folgende Lösungsformel abgeleitet:

$$t_1 = -p/2 + \sqrt{p^2/4 + q}\ . \qquad (5)$$

Negative T-Werte und ein T-Wert = 0 können ausgeschlossen werden. Nach Ermitteln und Einsetzen von t_1 in (1) kann das gesuchte Ergebnis *"s"*, die Bohrlochtiefe, errechnet werden.

Alfonsine *Ich kann nicht mehr folgen!*

Alfons *Das ist erst in der 9. Klasse dran. Nimm die entstandene Formel (5) einfach als gegeben hin.*

Alfonsine *Wie kommt der utopische Rechenknecht auf $p = v/(g/2)$?*

Vater A. Wir schreiben es mal auf:

$$t_1^2 = v \cdot T/(g/2) - v \cdot t_1/(g/2)$$

oder

$$t_1^2 + (v/(g/2))\, t_1 - (v/(g/2))\, T = 0$$

Wird es nun klarer?
v, $(g/2)$ und T als Meßwert sind in der Gleichung bekannte Größen; es muß also nur die eine Unbekannte t_1 *ermittelt werden. Du kannst ruhig weitermachen, die folgenden Dinge verstehst du wieder!*

Jetzt geht der Computermann an die *Erarbeitung des Computerprogramms (III)*. Dafür ist bereits der Algorithmus beschrieben, und es liegen das Eingabedatum *"T"* sowie der Ausgabewert *"s"* fest, das heißt die In- und Outputs des Programms. Schematisch sieht das so aus:

$T \rightarrow$ "Bohrlochprogramm" $\rightarrow s$

Der Rechenknecht wählt für diese Lösung die höhere Programmiersprache BASIC, die für diese Problematik die größte Bequemlichkeit bietet. Er ist jetzt in seinem Element. BASIC ist für ihn eine geläufige Programmiersprache, und nach etwa einer Stunde ist sein Bohrlochprogramm anwendungsbereit (siehe Listing 2 auf Seite 44).

Nun beginnt Schritt *(IV), der Test* des Programms, denn es ist nicht ausgeschlossen, daß in den vorangegangenen Schritten Fehler gemacht wurden.
Jeder EDV-Spezialist weiß:

Fehler in der EDV werden hauptsächlich durch den Menschen verursacht. Computerprogramme müssen auf ihre richtige Funktion hin getestet werden und sollten Elemente enthalten, die eine spätere fehlerhafte Benutzung erkennen und "behandeln".

Der Test auf XX7736a wird folgendermaßen realisiert: Eine bekannte Bohrlochtiefe wird mit dem Schallmeßverfahren ermittelt; das Computerergebnis muß ungefähr mit der bekannten Tiefe übereinstimmen.
Die Forschergruppe sucht sich deshalb ein flaches Bohrloch und lotet dessen Tiefe. Das Ergebnis lautet: 4,80 m. Die Schallmessung ergibt: 1 s. Die Computerberechnung für den Eingabewert $T = 1$ liefert das Ergebnis $s = 4{,}77$ m, also kann angenommen werden, daß der aufgestellte Algorithmus und das Computerprogramm richtig sind.

```
10 REM        PROGRAMM ZUM BERECHNEN VON BOHRLOCHTIEFEN
20 REM        ---------------------------------------
30 REM
40 REM BEARBEITER: R.RECHENKNECHT / 01.09.2086
50 REM
60 REM INPUT:  T = GESAMTZEIT "ABWURF-SCHALLECHO"
70 REM OUTPUT: S = BOHRLOCHTIEFE
80 REM
90 REM KONSTANTEN:
100 REM
110 LET G=9.81/2
120 LET P=340/G
130 REM
150 REM AUSGABE EINER UEBERSCHRIFT U. BENUTZUNGSHINWEISE
160 REM
170 PRINT "     BERECHNUNG VON BOHRLOCHTIEFEN MITTELS SCHALL      "
180 PRINT "-------------------------------------------------------"
190 PRINT "BENUTZUNGSHINWEISE:"
200 PRINT "FUER T IST EINE BELIEBIGE ZAHL EINZUGEBEN,DIE MIT DER TASTE"
210 PRINT "*ENTER* ZU BEENDEN IST.DAS KOMMA MUSS ALS PUNKT EINGEGEBEN"
220 PRINT "WERDEN,WENN STELLEN NACH DEM KOMMA AUFTRETEN."
221 PRINT "DAS PROGRAMM KANN NUR DURCH COMPUTERABSCHALTUNG BEENDET WERDEN"
230 PRINT "-------------------------------------------------------------"
240 PRINT
250 REM
260 REM EINGABE VON "T"
270 REM
280 INPUT "T [sec]:",T
300 REM
310 REM TEST AUF LOGISCH RICHTIGES "T"
320 REM
330 IF T>0 THEN  390
340 PRINT "T WAR FALSCH,DU NACHTMUETZE !"
350 GOTO  280
360 REM
370 REM BERECHNUNG VON "T1"
380 REM
390 LET Q=P*T
400 LET T1=-P/2+SQR(P^2/4+Q)
410 REM
420 REM BERECHNUNG VON "S"
430 REM
440 LET S=G*T1^2
450 REM
460 REM AUSGABE VON "S"
470 REM
480 PRINT "S= ";S;"m"
490 REM
500 REM ZYKL.WEITERARBEIT
510 REM
520 GOTO  280
530 END
```

Listing 2 Bohrlochprogramm

Die Programmtestung ist bei komplizierten Algorithmen in der Regel recht aufwendig. Sie kann 50 % und mehr von der Zeit für die Programmierung in Anspruch nehmen. Dieser Zeitaufwand kann nur gesenkt werden durch

- Erfahrung des Programmierers,
- sorgfältigste Algorithmus- und Programmerarbeitung,
- Anwendung moderner Programmierverfahren und
- sorgfältige Programmeingabe in den Computer.

Unsere Forschergruppe ist jetzt in der Lage, in kürzester Zeit die große Anzahl von Bohrlöchern auszuloten, ohne die Ergebnisse anzweifeln zu müssen, denn was der Computer einmal richtig macht, wird auch bei der Eingabe anderer *T*-Werte richtig. Die Zeit, die er für die Ermittlung eines *s*-Wertes benötigt, ist gar nicht meßbar. Das Ergebnis erscheint sofort nach Eingabe von *T* auf dem Bildschirm.
Der Computerspezialist hat das Programm so geschrieben, daß jeder Wert "*T*" angefordert wird und daß die Eingabe von unsinnigen Werten vom Programm erkannt und als fehlerhaft gemeldet wird. Als ein Forscherkollege $T = 0$ eingab, meldete der Computer zur Freude aller Zuschauer: `"T war falsch, Du Nachtmütze!"`
Und wieder einmal können sich die Forscher, für die der Computer längst Arbeitsmittel ist, des Gefühls nicht erwehren: "Er kann doch denken!"

Vater A. *Fein habt ihr eure Geschichte fabuliert! Habt ihr nun auch das Bohrlochprogramm geschrieben?*

Alfonsine *Natürlich, wir machen doch keine halben Sachen. Wir haben uns gedacht, daß es als handliches Beispiel im folgenden Fibeltext immer wieder auftauchen kann.*

Alfons *Wenn wir wieder einmal Oma und Opa in Ackersdorf besuchen, loten wir ihren Brunnen!*

Mutter A. *Und rechnen werden wir gleich dort, denn meine Freundin, Frau Gerstenkorn, hat einen PC in ihrem Büro. Sie wird staunen, was wir alles können.*

Fassen wir nun zusammen, EDV-Projektierung besteht aus den Phasen

(I) Analyse der Aufgabenstellung,
(II) Entwicklung der EDV-gerechten Lösung, Aufstellen des Algorithmus für das Programm,

(III) Erarbeitung des Computerprogramms,
(IV) Testung des Computerprogramms,
(V) Dokumentation des EDV-Projektes.

Für die Nachnutzung allgemein anwendbarer Programmlösungen besitzt der bisher noch nicht erwähnte Abschnitt (V) eine große Bedeutung. In unserer utopischen Erzählung ist Punkt (V) nicht so wichtig, denn das Programm wurde für einen speziellen Anwendungsfall entwickelt, und die Erzählung ist Dokumentation genug. Dokumentationselemente, die sich auf das Programm selbst beziehen, finden wir in den Abschnitten, in denen es als Beispiel wieder auftaucht. Echte EDV-Projektdokumentationen werden nach gültigen Standardvorschriften erarbeitet und müssen im Zeitplan für eine Projekterarbeitung mit etwa 10 % berücksichtigt werden.
Oft ist schon die richtige Entscheidung über die Einführung einer EDV-Lösung mit einem riesigen Arbeitsaufwand verbunden. Eine EDV-Lösung kann, wie in der Beispielgeschichte, einem Miniprogramm mit nur einem Eingabewert und einem Ergebniswert entsprechen, der durch eine einfache mathematische Verarbeitung entstanden ist. Das ist aber die Ausnahme. In der Regel sollen komplexe gesellschaftliche Prozesse rationalisiert werden. Solche EDV-Lösungen müssen eine Vielzahl von Daten verarbeiten. Mit diesen Daten wird nicht nur gerechnet, sie müssen auch logisch verknüpft werden. Eine logische Verknüpfung enthält auch unser Bohrlochprogramm, und zwar die Entscheidung, ob der eingegebene *T*-Wert logisch richtig ist. Wenn häufig solche Entscheidungen in Programmen getroffen werden müssen, und das ist die Regel, werden sie sehr schnell umfangreich und kompliziert.
Der EDV-Projektant kennt eine Reihe von Werkzeugen, mit denen er den zum Zeitpunkt der Aufgabenstellung oft chaotischen Zustand so bearbeitet, daß sich das Bild klärt und die nächsten Schritte zur Computerlösung unternommen werden können. Grundprinzipien dieser Arbeiten sind eine strenge Logik und das sinnvolle Strukturieren, also die Schaffung kleiner überschaubarer Teilsysteme innerhalb des Problems. Im Ergebnis seiner Arbeit entsteht normalerweise ein Programmsystem, in dem eine Vielzahl nicht zu großer Programme sinnvoll miteinander verknüpft das erwartete Ergebnis der Aufgabenstellung liefert.
Der Projektant hat in seiner Tätigkeit im wesentlichen mit zwei Problemkreisen bei der Aufgabenstellung zu rechnen.

1. Die Aufgabe wurde schon früher durch manuelle Tätigkeit des Menschen gelöst. Hier soll der Einsatz der EDV schnellere und bessere Ergebnisse liefern, verbunden mit der Einsparung menschlicher Arbeit. Bei einer solchen Aufgabe muß der EDV-Projektant mit viel Fingerspitzengefühl

arbeiten und versuchen, bestehende Lösungen in gleich gute, aber durch den Computer automatisierte umzuwandeln. Er muß in diesem Problemkreis besonderen Wert auf Datenkontrolle legen, möglichst durch das Computerprogramm selbst, denn diese wurde vorher erfahrungsgemäß durch den Menschen nicht so gründlich durchgeführt. Der Mensch hat Fehler im Prozeß der "menschlichen Datenverarbeitung" infolge seines Denkvermögens anders als ein Computerprogramm entdeckt, behandelt oder auch vertuscht.
Erst wenn der zu rationalisierende Prozeß völlig ungeeignet für eine EDV-Lösung erscheint, sollte man ihn radikal durch eine gänzlich neue, automatisierte Organisation ersetzen, um die geforderten Ergebnisse nicht in Frage zu stellen.

2. Die Aufgabe existierte vorher noch nicht, weil manuelle Lösungen zu aufwendig oder sogar unmöglich waren oder weil die Aufgabe erst mit der gesellschaftlichen Entwicklung entstanden ist.
Solche Aufgabenstellungen sollten daraufhin untersucht werden, ob der Aufwand einer EDV-Lösung gerechtfertigt ist. Wenn das der Fall ist, sollte man die modernsten Mittel und Methoden einsetzen. In diesen Bereich gehören die schon erwähnten Lösungen für die Leitung und Planung von Produktions- u. a. Prozessen sowie die Steuerung dieser Prozesse, die CAD/CAM-Lösungen.

Der EDV-Projektant muß die für seine Aufgabe zur Verfügung stehende Hardware richtig beurteilen können, wenn er sie nicht im zu bearbeitenden Projekt selbst wählen kann. Die Qualität seiner Lösung ist letztlich immer von der richtigen Beurteilung der eingesetzten Hard- und Software abhängig. Der Faktor "Software" muß auch unter dem Gesichtspunkt einer Nachnutzung schon vorhandener Lösungen untersucht werden. Nachnutzungen sparen Entwicklungskosten, die in der EDV erheblich sind.

3. Programmieren, aber wie?

Das Ziel ist klar, ein Computerprogramm soll erarbeitet werden.

Die Voraussetzung für die Entwicklung eines Computerprogramms ist das computergerecht aufbereitete Umfeld, in dem die In- und Outputs für das Programm im Datenflußplan "DFP" genau definiert sind. Weiter muß die Verarbeitungsvorschrift für diese Daten, der Algorithmus, vorliegen.

Wie ein guter Handwerker benutzt der Programmierer jetzt seine Werkzeuge, von denen wir eine kleine Auswahl vorstellen wollen. Er beginnt seine Arbeit mit einem Grobentwurf, dem Programmablaufplan, *PAP*, in dem der Algorithmus nachgebildet wird. Oft liegt der Algorithmus auch schon in dieser Form vor.
Es gibt mehrere Techniken zur Erstellung eines PAP. Hier soll nur die Leitlinienmethode behandelt werden, da sie den Vorteil einer einfachen, variabel beschriftbaren, auch mit dem Computer zu erzeugenden Darstellungsform besitzt. PAP werden übrigens nach TGL 22451 angefertigt.
Versuchen wir, den PAP in Bild 9 zu analysieren, in dem wir unschwer das Bohrlochproblem aus dem 2. Abschnitt erkennen.
Der Vorteil dieser Darstellungsform gegenüber der verbalen Beschreibung im 2. Abschnitt ist offensichtlich. Hier ist die künftige Programm-

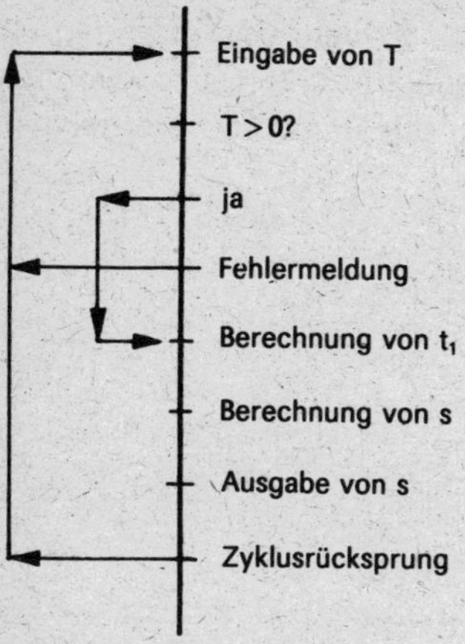

Bild 9 PAP Bohrlochberechnung

struktur deutlich zu erkennen, und es kann mit kurzen Formulierungen gearbeitet werden. Wenn anstelle von "Berechnung von ..." im PAP die Formel eingetragen wird, entfällt auch noch der gesamte beschreibende Text für die mathematische Lösung. Das ist sehr praktisch, wenn sie als bekannt vorausgesetzt werden kann. Im Beispiel-PAP ist eine logische Verzweigung (Ja/Nein-Entscheidung) erkennbar, und die zyklische, nur durch Computerabschaltung zu unterbrechende Ablaufstruktur ist durch den zum Anfang zurückweisenden Pfeil dargestellt.
In der Programmdokumentation übernimmt der PAP später die Funktion eines "Wegweisers" für die recht schwer durchschaubare Programmliste, vor allem, wenn er nicht zu fein strukturiert ist. Eine Gliederung in die Abschnitte Eingabe, Verarbeitung und Ausgabe ist hier wie in vielen anderen Programmen zwingend. Natürlich ist die innere Struktur dieser 3 Komplexe in komplizierten Programmen ebenfalls kompliziert. Im Verarbeitungsabschnitt können z. B. Ein/Ausgaben eingeordnet sein; der kluge Programmierer vermeidet aber im Interesse der Übersichtlichkeit ein solches Durcheinander. Er arbeitet mit *Unterprogrammen* (UP), die in sich geschlossene Programmabschnitte sind und die aus einem *Hauptprogramm* von beliebiger Stelle aus aufgerufen werden können. Die Rückkehr aus einem UP erfolgt immer zu dem Befehl des Hauptprogramms, der dem Aufruf folgt. Zum Beispiel wären UP-Aufrufe wie in Bild 10 möglich. Der Vorteil einer solchen Mehrfachbenutzung von Programmabschnitten ist schon jetzt offensichtlich. Später erscheint diese Arbeitsweise als selbstverständlich und unerläßlich.
Auf der Basis des PAP wird nun das Programm geschrieben. Der Programmierer benutzt dafür eine *Programmiersprache*.

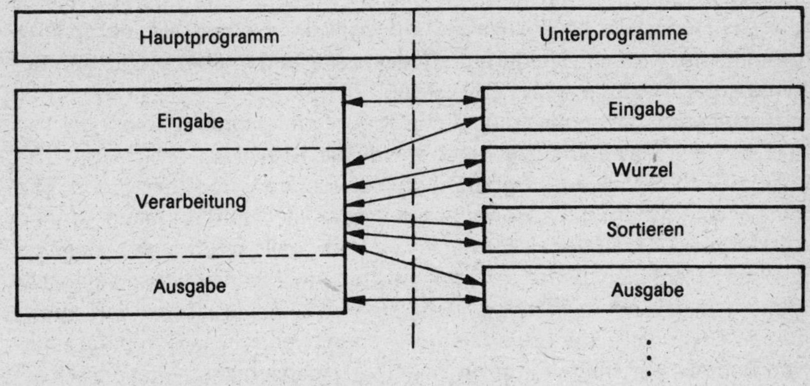

Bild 10 Schema einer Unterprogrammtechnik

Die Programmiersprache ist das Mittel, das computergerecht aufbereitete Problem in einer für den Computer verständlichen Form auszudrücken.

Die Benutzung einer Programmiersprache vereinfacht sich mit steigender Anwenderfreundlichkeit in den Stufen

- Maschinencode,
- Assemblersprache,
- Hochsprache,
- Programmiersystem (Superhochsprache).

Die effektive Benutzung der Möglichkeiten, die die verwendete Hardware bietet, sinkt in der Regel in dieser Abstufung. Es geht hier hauptsächlich um Geschwindigkeit und Speicherkapazität. Gute Dienstprogramme sind deshalb häufig in einer Assemblersprache entwickelt worden.

Laien haben einmal den Begriff "Computerchinesisch" geprägt, aber keine Angst, so schwer wie Chinesisch ist keine Programmiersprache. EDV-Fachleute unterscheiden:

Maschinencode: Speziell für eine konkrete Computerhardware gültige Programmiersprache, deren Befehle aus Binärcodes bestehen. Sie wird von den Hardwarespezialisten fast ausschließlich benutzt, häufig zum Test der Hardware.

Assemblersprache: Spezielle Programmiersprache für einen Computertyp, die aus sprachähnlichen Kürzeln besteht (z. B. OUT für "gib aus"), die 1:1 durch ein Übersetzungsprogramm des Computers (ASSEMBLER) in den Maschinencode umgewandelt und von Systemprogrammierern vorwiegend benutzt wird. Sie findet vor allem bei der Erarbeitung der Firmware Verwendung. Bei der Benutzung dieser Sprache sind gründliche Hardwarekenntnisse notwendig. Höhere mathematische Operationen, in diesem Fall schon Multiplikation und Division, können nur durch Programmteile, in denen sie durch raffinierte Anwendung der möglichen Befehle ersetzt werden, realisiert werden.

Hochsprache: Anwenderfreundliche Programmiersprache, die zum Teil für spezielle Anwendungsgebiete entwickelt wird. Hier spricht man oft schon nicht mehr von Programmbefehlen, sondern von *Statements*, die einem vom Menschen gesprochenen Satz ähnlich sind. In ihnen können so komplexe Operationen formuliert werden, daß sie oft einem ziemlich großen Maschinencodeprogramm entsprechen. Hochsprachen sind weitgehend maschinenunabhängig, d. h., sie können theoretisch auf verschiedenen Computern zur Anwendung kommen, wenn diese Computer in ihren Betriebssystemen die für die jeweilige Hochsprache geltenden Übersetzungsprogramme enthalten. Solche Übersetzer, *Compiler* oder *Inter-*

preter genannt, überführen die in einer Hochsprache geschriebenen Programme in den für die konkrete Hardware geltenden Maschinencode, denn nur dieser ist letztlich abarbeitungsfähig. Oft benutzte Hochsprachen sind

FORTRAN	vorwiegend für mathematisch-wissenschaftliche Aufgabenstellungen gedacht,
COBOL	für kommerzielle Aufgabenstellungen besonders geeignet,
PASCAL	moderne Hochsprache mit etwa dem Sprachumfang von FORTRAN und COBOL zusammen,
BASIC	universelle Hochsprache, die mit der Entwicklung der PC entstand, speziell auf einen Dialog zwischen Mensch und Computer orientiert.

Programmiersystem: Es besteht aus vorgefertigten "Programmbausteinen", die vom Anwender mittels einer Kommandosprache nach seinen Wünschen zusammengestellt werden. Hier verringert sich die Notwendigkeit, Hardwarekenntnisse zu besitzen, noch weiter. Solche Superhochsprachen haben immer nur für ganz bestimmte Anwendungsbereiche Gültigkeit. Sie werden z. B. schon häufig in der kommerziellen EDV eingesetzt und ermöglichen dort eine wesentliche Verkürzung der Entwicklungszeiten für EDV-Projekte.

Für alle Programmtypen bleiben aber die in den vorangegangenen Abschnitten aufgestellten Entwicklungsgrundsätze für ein EDV-Projekt gültig, auch wenn man durch die Wahl der Werkzeuge schneller an sein Ziel kommt.

Bei der Übersetzung der Assembler- und Hochsprachen werden vom Übersetzungsprogramm die für die jeweilige Programmiersprache geltenden „Rechtschreibregeln" kontrolliert. Die doch recht häufigen Schreibfehler des Programmierers werden vom Übersetzer ausgewiesen. Man spricht von *syntaktischen Fehlern*, die keinen Programmierer, der seine Sprache beherrscht, ernsthaft beunruhigen. Er korrigiert und probiert so lange, bis sein Programm syntaktisch in Ordnung ist. Danach beginnt der *logische Test* des Programms, und der hat es in sich. Hier zeigt sich die Qualität der vorangegangenen Projektierungsarbeit.
Getestet wird ein während der Projektierung aufgestelltes Modell mit bekannten Daten (vgl. 2. Abschnitt). Ein Modell, mit dem nicht alle Programmabschnitte ausgetestet werden können, sorgt bei der späteren routinemäßigen Benutzung des Programms oft für böse Überraschungen. Dazu ein Tatsachenbericht aus der Fachpresse: Einen der teuersten Fehler

"leistete" sich die Weltraumbehörde der USA am 22. Juli 1962. Das FORTRAN-Programm im Flugbahnrechner der Venusstation "Mariner 1" hatte folgenden Fehler: Das Statement "DO 5 I=1,3" erzeugt einen Programmzyklus, in dem die Variable "I" auf 1 gestellt und dann zyklisch um 1 bis zum Wert "3" erhöht wird. Ein Programmabschnitt, der zwischen diesem Statement und einem Statement mit der Adresse "5" liegt, wird in dieser Konstruktion dreimal durchlaufen. Der Fehler bestand darin, daß anstelle "... 1,3" ein "... 1.3" programmiert wurde. Die bei der Übersetzung in den Maschinencode vom FORTRAN-Compiler des Computers durchgeführte Kontrolle auf syntaktische Fehler konnte ihn nicht bemerken, denn die Zuweisung eines numerischen Wertes "1.3" zu einer Variablen namens "DO 5 I" ist in FORTRAN syntaktisch richtig.
An dieser Stelle merken wir uns:

In allen Programmiersprachen wird das Komma in reellen Zahlen durch einen "Dezimalpunkt", wie es in englischsprachigen Ländern üblich ist, dargestellt.

Dieser Programmabschnitt im Flugbahnrechner "tat" also etwas völlig Unkontrolliertes, er löste, als er in der Abarbeitungsreihenfolge im Programm an der Reihe war, eine sinnlose Steuerung der Rakete aus. Mariner 1 mußte nach 290 s gesprengt werden. Der Schaden betrug 18,5 Millionen Dollar.
Eine weitere Gefahr für die fehlerfreie Routineanwendung eines Computerprogramms stellt die Dateneingabe dar. Während der Projektierung müssen alle Varianten der Dateneingabe bedacht werden, auch fehlerhafte. Im Bohrlochprogramm wurde z. B. auf logisch falsche *T*-Eingaben geachtet.
In großen EDV-Projekten kann die Datenprüfung bis zu 50 % der Programme ausmachen. Wird hier gespart, tritt mit Sicherheit irgendwann der berühmte und oft zitierte "Computerfehler" auf, der in Wirklichkeit gar keiner ist. Auch diesen Fehler soll ein kleiner Tatsachenbericht veranschaulichen: Unlängst konnte man in der Zeitung den Bericht über einen Computerfehler eines New Yorker Computers lesen. Dieser Computer verwaltet die Kartei einer großen Rentnerorganisation. Die Mitarbeiter der "Mark-Twain-Gedenkstätte" erhielten von der Rentnerorganisation einen vom Computer erzeugten Aufnahmeantrag für einen Mr. Langhorne Clemens (Langhorne Clemens ist der Geburtsname von Mark Twain). Die Mitarbeiter erlaubten sich einen Scherz und schickten den wahrheitsgemäß ausgefüllten Antrag postwendend zurück, worauf sie die Aufforde-

rung zur Zahlung der Aufnahmegebühr und weitere Unterlagen erhielten, die alle durch den Computer hergestellt waren.

Wir haben mit unseren jetzigen Kenntnissen sofort erkannt: Das war kein Computerfehler! Man kann vermuten, daß hier ein Programmfehler folgender Art vorlag: Das eingegebene Geburtsdatum eines neu in die Kartei einzutragenden Rentners wird nicht auf "logisch richtig" geprüft, sonst hätten Kandidaten, die älter als 100 Jahre sind, zumindest als "zu überprüfen" ausgewiesen werden müssen, bevor der Computer die postfertigen Aufnahmepapiere erzeugt.

Eingabedaten für ein Programm werden, um Lesefehler bei der Eingabe in den Computer weitgehend auszuschließen, oft auf leicht zu überblickenden Vordrucken, sogenannten *Belegen*, eingetragen. Diese Belege müssen nicht selten vom Projektanten bei der Erarbeitung eines EDV-Projektes erst entwickelt werden.

Assembler- und Hochsprachen können auf sogenannte *Programmbibliotheken* zurückgreifen, in denen Programme für allgemein nutzbare Anwendungen (mathematische Lösungen, Sortierprogramme usw.) gespeichert sind. Sie werden entweder als UP genutzt oder als eigenständiges Programm in ein der geforderten Lösung entsprechendes Programmsystem eingebunden. Aufgabe des Systemprogrammierers ist es u. a., diese Programmbibliotheken sinnvoll zu ergänzen.

4. Sprechen Sie BASIC?

Stellen wir uns vor, auf einer einsamen, vom fahlen Vollmond beleuchteten Straße kommt uns ein exotisch anmutender Computer entgegen, lüftet sein Interface und fragt mit blecherner Stimme: "Sprechen Sie BASIC?" Noch müssen wir diese Frage mit "Nein" beantworten, aber nach dem Studium dieses vierten Abschnitts unserer Fibel sollen wir "ein wenig" antworten können.

BASIC = *b*eginners *a*ll purpose *s*ymbolic *i*nstruction *c*ode, was man frei mit "Anfängersprache für alle Fälle" übersetzen könnte. Auch wir befassen uns als Anfänger mit dieser sehr weit verbreiteten PC-Programmiersprache. Ihre einfacheren Statements sind relativ leicht erlernt, aber das Wesentliche an der Programmierung, die Ja/Nein-Logik oder das computergerechte Bit-für-Bit-Denken, muß recht mühevoll erworben werden. Es unterscheidet den Programmierer von anderen Handwerkern und ist normalerweise erst nach ein- bis zweijährigem Üben erlernt, wobei diese Kenntnisse durch ständiges Studium erweitert und erneuert werden müssen. Nirgends ändert sich ein Arbeitsgebiet so schnell wie hier, und spätestens nach zwei bis drei Jahren heißt es für den Programmierer schon wieder: "Du mußt zum Lehrgang!"

Zunächst einige Fakten, bevor wir uns BASIC zuwenden:

64 K *Hauptspeicherplätze* im internen Speicher stellt unser PC zur Verfügung, etwa 20 K benötigt ein Betriebssystem für Computer dieser Größenklasse, und weitere 20 – 30 K werden vom BASIC-Interpreter belegt. Der Rest ist für unser Programm. In BASIC brauchen wir uns zwar nicht um die Speicherbelegung zu kümmern, aber ein zu großes Anwenderprogramm führt zum *Speicherüberlauf.* Wir müssen dieses Programm nun segmentieren, also mehrere kleine Programme schaffen, die nacheinander abgearbeitet werden und das erwünschte Ergebnis liefern. Eine solche Segmentierung kann die Benutzung eines EDV-Projektes erheblich unkomfortabler gestalten.

BASIC-Programme werden in der Regel durch einen Interpreter erzeugt, abgearbeitet und auf Disketten archiviert. Der Interpreter übersetzt bei seiner Arbeit unser Programm Statement für Statement in ein Maschinencodeprogramm und arbeitet diese Statements auch gleich ab. Diese Arbeitsweise hat den Vorzug, daß wir uns ständig im Interpreterstatus befinden und damit jederzeit die Abarbeitung unseres Programms beeinflussen können. Andererseits verlangsamt eine solche Übersetzertätigkeit die Programmabarbeitung. Das bekommen wir bei Programmen zu spüren, die z. B. einen Zyklus einige tausendmal durchlaufen, bevor ein nächster Programmabschnitt erreicht wird, der beispielsweise eine für den Anwender sichtbare Datenausgabe auf den Monitor beinhaltet. Da kann es schon passieren, daß wir minutenlang auf diese Ausgabe warten müssen.

Es gibt jedoch Betriebssysteme, die neben einem BASIC-Interpreter auch einen Compiler für diese Programmiersprache besitzen – SCP gehört dazu. Der Compiler übersetzt ein BASIC-Programm geschlossen, sozusagen in einem Ritt, in das Maschinencodeprogramm. Dieses kann erst nach diesem Übersetzungslauf gestartet werden, und seine Abarbeitung läßt sich jetzt nicht mehr beeinflussen. Es läuft danach aber wesentlich schneller seinem Ziel entgegen. Man benutzt deshalb in der Testphase einer Programmentwicklung, in der recht häufig geändert werden muß, vorteilhaft einen Interpreter. Das fertige Programm, das Routineprogramm, wird dann nach einmaliger Compilierung effektiv eingesetzt, vorausgesetzt, das verwendete Betriebssystem verfügt über einen BASIC-Compiler. Die anderen genannten Hochsprachen werden übrigens ausschließlich compiliert.

Für den konkreten Computer wird vom Hersteller eine Anwenderdokumentation mitgeliefert, die alle Möglichkeiten und Besonderheiten des Betriebssystems und der Übersetzerprogramme beschreibt. Die Grundsprachelemente von BASIC sind in allen Sprachversionen weitgehend gleich, aber schon die Kommandosprachen für die verschiedenen Interpreter können stark voneinander abweichen, und noch schlimmer steht es um das auf Disketten archivierte Programm. Unterschiedlichste Dateistrukturen verhindern oft die einfache Übernahme eines Programms von einem PC, der mit einem anderen Betriebssystem arbeitet. Bei den großen Computern ist dieses Problem durch konsequente Vereinheitlichung gelöst, aber auch für unseren PC haben sich Könner schon Umsetzprogramme einfallen lassen.

Unser Anwenderprogramm muß in einer möglichst sauber geschriebenen Kladde vorliegen. Der Programmierer arbeitet mit Bleistift und Radiergummi! Ein Programm aus dem Gedächtnis in den Computer einzugeben führt nur selten zum Erfolg. Eine gründliche Vorbereitung der Programmeingabe erspart Sitzungszeit. Hier soll noch einmal darauf hingewiesen werden, daß in diesem Fibelabschnitt nur eine Teilmenge aller möglichen Interpretereingaben behandelt wird. Die dargebotenen Beispiele sind unter Steuerung des Betriebssystems SCP erarbeitet worden.

Allgemeines zum BASIC-Interpreter

Der BASIC-Interpreter wird nach Einschalten des Computers und gegebenenfalls nach vom jetzt aktiven Betriebssystem geforderten Eingaben von einer Diskette, die natürlich aufliegen muß, mit dem Kommando `"BASIC"` in den internen Speicher geladen. Dieser Vorgang ist abgeschlossen, wenn sich der Interpreter mit seiner Eingabeaufforderung, seinem sogenannten *PROMPT*-Zeichen `"OK"` und Zeilenvorschub auf dem Monitor meldet. Das Interpreterprogramm erwartet eine Eingabe vom Anwender, es hat die Steuerung des Computers übernommen.
BASIC-Eingaben werden in zwei Komplexe eingeteilt:
BASIC-*Kommandos*, die den Interpreter so steuern, daß er das tut, was der vor dem Computer sitzende Anwender erreichen will. Er will z. B. ein Anwenderprogramm laden oder sein soeben bearbeitetes Programm auf eine Diskette abspeichern, oder er will einem Anwenderprogramm die Steuerung des Computers übergeben, das bedeutet, er will dieses Programm starten.

Sinn der Arbeit am Computer ist es eigentlich, die Computersteuerung durch ein Anwenderprogramm zu erreichen. Erst dann ist der Computer das Arbeitsmittel des Anwenders, und alle Vorarbeiten steuern ausschließlich diesem Ziel entgegen. In unserem Fall wird dieses Ziel grundsätzlich in folgenden Etappen erreicht:

- Start des Betriebssystems,
- Start des BASIC-Interpreters,
- Start des BASIC-Anwenderprogramms.

BASIC-*Programmzeilen* sind die adressierbaren Elemente des Anwenderprogramms, d. h., bestimmte BASIC-Kommandos und Statements des Anwenderprogramms können auf diese Programmzeilen Bezug nehmen. Die Programmzeilen beinhalten die Superbefehle, die Statements eines BASIC-Anwenderprogramms, so wie die Druckzeilen dieser Fibel aus Sätzen bestehen. Sollten die Fibelzeilen wie im BASIC-Programm adressierbar gemacht werden, müßten sie allerdings mit einer Adresse, z. B. einer Zeilen-Nr., versehen werden. Genauso einfach löst der BASIC-Interpreter dieses Adressierungsproblem, und im folgenden Text wird noch viel über die Zeilen-Nr. einer BASIC-Anwenderprogrammzeile gesagt.

Der BASIC-Interpreter selbst ist ein zyklisches Programm, dessen Funktion durch die Eingaben eines Anwenders gesteuert werden kann.
Die Grundfunktion ist die Programmeingabe. Alle anderen Interpreterfunktionen werden durch Kommandos realisiert, so auch die Beendigung seiner Arbeit und damit die Rückgabe der Steuerung an das Betriebssystem. BASIC-Eingaben werden immer mit der "Eingabeendetaste" abgeschlossen. Sie haben bestimmten Syntaxregeln zu entsprechen.

Fehlerhafte BASIC-Eingaben, also Kommandos oder Programmzeilen, die der gültigen BASIC-Syntax nicht entsprechen, werden vom Interpreter in gutem Englisch angemosert. Es gilt hier folgende Faustregel:
- Fehlerhafte Kommandos werden sofort nach ihrer Übergabe (Betätigung der "Eingabeendetaste") als falsch zurückgewiesen und können erneut getätigt werden.
- Fehlerhafte Programmzeilen werden in der Regel erst bei der Programmabarbeitung erkannt (Ausnahmen bestätigen auch hier die Regel), allerdings dann nicht nur syntaktisch falsche, sondern auch unlogische oder mathematisch falsche Statements im Rahmen einer Erkennbarkeit durch den Interpreter. Als Beispiel dafür möge eine versuchte Division durch 0 gelten. Die Programmabarbeitung wird an dieser Stelle gestoppt, und der Interpreter erwartet eine Korrektur der Zeile, bevor der Anwender wieder ein Startkommando gibt.

Im Sinne der computergerechten Exaktheit, die in diesem Buch immer wieder betont wird, sind einige Syntaxregeln des SCP-BASIC-Interpreters ganz und gar inkonsequent, z. B. die Benutzung von Leerzeichen und der Groß- und Kleinschreibung. Wir werden in unserer Fibel nur allgemeingültige Darstellungen wählen. Sollte später ein Anwender nach einem Verstoß gegen diese Darstellung auf keinen BASIC-Fehler stoßen, hat er Glück gehabt – beim nächsten Mal geht's dann sicher schief.
Einige allgemeine Bemerkungen über die Benutzung der PC-Tastatur unter BASIC sind an dieser Stelle angebracht: Die "Eingabeendetaste", beim PC 1715 mit "ET" bezeichnet, kennen wir schon. Die Tastatur wird im übrigen beinahe wie eine Schreibmaschinentastatur benutzt.

Im Unterschied zur Schreibmaschine können wir sämtliche BASIC-Eingaben mit Kleinbuchstaben tätigen. Der Interpreter wandelt sie automatisch in Großbuchstaben um. Natürlich stört ihn eine generelle Eingabe mit Großbuchstaben auch nicht. Ausnahmen machen nur die zwischen Anführungszeichen stehenden Angaben einer Programmzeile und solche, die als Programmkommentar gekennzeichnet sind. Diese werden so übernommen, wie sie eingetippt sind, und hier ist auf die in einigen Kommandos geforderte Großschreibweise zu achten.

Die maximal 255 Zeichen lange Eingabezeile (auch Leerzeichen und nicht darstellbare Steuercodes zählen mit) kann durch Steuertasten (z. B. "Zeilenvorschub") auf Wunsch schön aufbereitet werden. Andere Steuertasten annullieren Tippfehler und lassen, natürlich vor Betätigung der Taste "ET", jede Korrektur zu.
Achtet ein zeileneingebender Anwender nicht auf Schönheit, werden Zeilen, die länger als 80 Zeichen sind, automatisch in eine Folgezeile *ohne* Zeilen-Nr. geschrieben. Beim Ausdrucken muß er dann allerdings auf entsprechend breites Papier achten.
Die schnelle und sichere Benutzung der Consoletastatur kann nur durch Übung erlernt werden. Es wäre also müßig, in diese Fibel eine größere Abhandlung darüber aufzunehmen.
In diesen Abschnitt gehört aber noch die Einführung des Begriffs *Notation*. In den folgenden Fibelabschnitten wird eine solche allgemeine Schreibweise zur Darstellung der Struktur von BASIC-Eingaben benutzt, die sich an die in der Computerfachliteratur verwendete anlehnt. Das erleichtert es später, die Aussagen in der Fachliteratur zu verstehen.
Die Benutzung einer Notation ermöglicht eine straffe und eindeutige Beschreibung allgemeiner Sachverhalte. Sie sollte z. B. in einem guten Mensch-Computer-Dialog unserer Programme zur Anwendung kommen, da der zur Verfügung stehende Platz im Speicher und auf dem Monitor immer knapp bemessen ist.
Für unsere Fibelnotation treffen wir folgende drei Festlegungen:

Variable Größen
Variablen sind Bezeichner, die später durch einen konkreten Wert ersetzt werden. Folgende Bezeichnerformen gelten:
a) Alphanumerische Variablen (sie werden später durch eine konkrete Folge von Ziffern und Buchstaben ersetzt) werden durch sinnvoll gewählte Kleinbuchstaben bezeichnet, z. B. "kommando" wird konkret `RUN`, `LIST` usw.

b) Numerische Variablen, also Variablen, die später durch eine Folge von Dezimalziffern ausgedrückt werden, werden mit "n" oder "m" bezeichnet, d. h., "n" kann konkret den Zahlen 1, 5, 77, 4711 usw. entsprechen.

Konstante Größen
Konstanten werden durch ihren Wert (Großbuchstaben, Dezimalziffern und Sonderzeichen) dargestellt, z. B. ist

```
RUN "BEISPIEL"
```

ein konkretes BASIC-Kommando und damit eine Konstante.

Wahlweise Größen
In Klammern eingeschlossene Variablen oder Konstanten können in der konkreten Form einer solchen Konstruktion weggelassen werden. Für sie gilt dann ein Standardwert, der in der Beschreibung der Konstruktion, in der eine solche wahlweise angebbare Größe auftritt, angegeben sein muß. Beispielsweise läßt

kommando ("parameter")

für bestimmte Interpreterkommandos das Hinzufügen von alphanumerischen Variablen, von Parametern, eingeschlossen in Anführungszeichen, zu.
Begriffen, wie Variablen und Konstanten, werden wir beim Erlernen der Programmiersprache BASIC wiederbegegnen. Auch in anderen Hochsprachen kann man nicht auf sie verzichten. Ihre Notation ist aber in jeder dieser Sprachen unterschiedlich, und auch BASIC verlangt eine andere Notation als eine Computerfibel. Bald lernen wir sie kennen.

Kommandos des BASIC-Interpreters

Nach Erscheinen des PROMPT (OK und Zeilenvorschub) kann eine Kommandoeingabe des Anwenders erfolgen. Die allgemeine Form von BASIC-Kommandos ist

kommando (parameter).

Sind Parameter vorhanden, ist auf das Leerzeichen vor der konkreten Parametereingabe zu achten.
Eine Reihe von Kommandos ist auch als Programmzeile in einem Anwenderprogramm einsetzbar, wenn sie der dort vorgeschriebenen Syntax entsprechend eingegeben werden. Vor dem Gebrauch dieser Möglichkeit muß aber gewarnt werden, denn die Kommandos steuern ja in erster Linie den BASIC-Interpreter und können, in ein Anwenderprogramm einge-

baut, unerwünschte Effekte bewirken. Bei einem späteren Einsatz eines BASIC-Compilers müssen sie ohnehin aus dem Programm entfernt werden. Wir fassen nachfolgend eine für unsere Fibel ausreichende Auswahl von BASIC-Kommandos in Funktionsgruppen zusammen.

Kommandos zur Sitzungssteuerung

Unter Sitzung verstehen wir die Zeit zwischen Computereinschaltung und -abschaltung. Während der Sitzung versucht ein Anwender, den Computer seinen Wünschen entsprechend zu benutzen, wobei er sich

- den Bedingungen des verwendeten Betriebssystems und
- den Bedingungen des von ihm unter Steuerung des Betriebssystems gestarteten Programms

unterwerfen muß, und zwar bedingungslos.

Erst in seinem selbstprogrammierten Anwenderprogramm bestimmt er die Benutzungsbedingungen.

Wir wollen hier die Bedingungen behandeln, die der BASIC-Interpreter an uns stellt. Das geht aber nur, wenn wir wenigstens die Mindestanforderungen des verwendeten Betriebssystems kennen und wenn wir uns auf ein konkretes Betriebssystem festlegen. Wir verwenden hier das Betriebssystem SCP.

Ein SCP ist, zumindest aus der Sicht eines BASIC-Anwenders, auf den Computertypen BC "A5110", "A5120", "A5130" und PC "1715" unter gleichen Bedingungen anwendbar. Andere Betriebssysteme sind ebenfalls für diese Computertypen verfügbar. Sie stellen aber andere Bedingungen an einen Anwender. Für die Kleincomputer gelten generell andere Anwendungsbedingungen. Ihre Betriebssysteme sind generell in ROM-Speichern fest eingebaut, und diese Systeme führen oft sofort zu einer Computersteuerung unter BASIC.

Das Aktivieren des SCP erfolgt durch Computereinschaltung, bei der das schon bekannte Ladeprogramm alle für eine Computerbenutzung auf dieser Ebene notwendigen SCP-Programmkomponenten von dem Diskettenlaufwerk, auf dem eine Diskette mit diesen Komponenten gefunden wird, in den internen Speicher lädt. Dieses Laufwerk heißt in SCP *aktuelles Laufwerk* und wird immer mit seinem Bezeichner vor dem SCP-PROMPT ">" angezeigt.

In SCP sind alle am Computer vorhandenen Diskettenlaufwerke mit den Bezeichnern "A", "B", "C" usw. definiert. Das Umschalten auf ein anderes Laufwerk ist durch einen Anwender jederzeit möglich. Dazu ist das Umschaltkommando "laufwerksbezeichner:" einzugeben. Das wird immer dann notwendig, wenn die Computersteuerung an ein Programm, z. B. an den BASIC-Interpreter, übergeben werden soll und diese Programmdatei nicht auf der im aktuellen Laufwerk befindlichen Diskette gespeichert ist. Das Kommando "laufwerksbezeichner:" kann auch mit einem unmittelbar auf den Doppelpunkt folgenden Programmnamen kombiniert werden. In diesem Fall wird nur das angegebene Programm auf dem angegebenen Laufwerk gesucht, ohne den "Aktuell-Status" zu verändern. Laufwerksbezeichner, die mit Kleinbuchstaben eingetippt sind, werden von SCP generell als Großbuchstaben interpretiert.

Beispiele:
`b:` setzt Laufwerk "B" aktuell.
`B:TASTA` oder `b:tasta` lädt das schon bekannte Maschinenprogramm `"TASTA"` vom Laufwerk "B" und übergibt diesem die Steuerung ("A" bleibt weiterhin aktuell). Danach kann der Computer nichts anderes mehr, als nach Betätigung einer Taste deren Code hexadezimal auf dem Bildschirm darzustellen. Nur eine Computerabschaltung kann seine jetzt recht einseitige Tätigkeit beenden (vgl. die Aussagen zu Listing 1).

Wir behandeln jetzt drei Kommandos zur Sitzungssteuerung:

`(laufwerksbezeichner: ) BASIC (parameter)`
Das Kommando (`laufwerksbezeichner` ist immer durch einen Doppelpunkt vom eigentlichen Kommando getrennt) lädt den BASIC-Interpeter vom eventuell angegebenen Laufwerk und übergibt diesem die Steuerung. Der Interpreter meldet sich, wie zuvor das Betriebssystem, mit Herstellerangaben und seiner Eingabeanforderung `"OK"`.
Bei den Herstellerangaben ist der Wert "Bytes free" interessant. Hier wird die Anzahl der für ein Nutzerprogramm verfügbaren Bytes dezimal angegeben. Diese Zahl ist versionsabhängig, liegt aber immer bei 27 K.
Wird kein Laufwerksbezeichner angegeben, versucht SCP, den Interpreter vom aktuellen Laufwerk zu laden. Ist auf Diskette kein Interpreterprogramm vorhanden, wird

```
BASIC?
```

angezeigt, und SCP bleibt solange aktiv, bis der Anwender das Richtige tut. Eine Parameterangabe zum Kommando `BASIC` ist möglich.

Beispiel:
`BASIC` aktiviert den Interpreter, nachdem er vom aktuellen Laufwerk in den internen Speicher geladen wurde.

RUN (parameter)
Von ihm wird die Steuerung des Computers, der sich schon im Interpreterstatus befindet, an ein BASIC-Anwenderprogramm übergeben, welches sich im internen Speicher befinden muß. Die Übergabe der Steuerung gilt immer nur für die Abarbeitung einer Programmzeile, danach hat der Interpreter wieder das Sagen. Dieser beeilt sich nun allerdings, seine Verantwortung so schnell wie möglich an die logisch nächste Zeile des Anwenderprogramms abzutreten, und dieses Spiel läuft so lange ab, bis der Interpreter das Ende des Anwenderprogramms erkannt hat. Er muß vor der Abarbeitung einer Zeile des Anwenderprogramms die Statements dieser Zeile in Maschinencode-Befehle umwandeln, wobei sich hinter einem Statement oft ein ganzes Maschinenprogramm verbirgt. Eine Illustration dieser Tatsache kann z. B. der folgende Vierzeiler sein, der etwa dem Leistungsumfang des in Listing 1 dargestellten Maschinenprogramms entspricht:

```
10 A¤ = INKEY¤
20 IF A¤ = "" THEN 10
30 PRINT HEX¤ (ASC(A¤))
40 GOTO 10
```

Für den Interpreter erkennbare Fehler im Anwenderprogramm werden beim Übersetzungsvorgang erkannt und mit einem kurzen englischen Text ausgewiesen. Der Interpreter erwartet jetzt erst einmal eine Korrektur durch den Anwender, bevor er mit einem erneuten RUN seine Arbeit wieder aufnimmt. Die schlimmeren logischen Fehler im Anwenderprogramm können vom Interpreter natürlich nicht erkannt werden. Er überwacht nur die Abarbeitung des Anwenderprogramms, kann aber seinen Sinn nicht verstehen. Solche Korrekturen müssen wir anhand der nicht erwarteten Computerreaktion durchführen, und dazu gehört oft eine umfassende Kenntnis des Zusammenspiels von Hard- und Software. Hier ist nur ein kleiner Einblick möglich. Kriminalistische Logik führt am ehesten zum Erfolg.

Beispiel für die Benutzung des RUN-Kommandos:

RUN	startet ein zuvor in den internen Speicher geladenes BASIC-Anwenderprogramm mit der ersten Programmzeile.
RUN n	funktioniert wie RUN, legt aber den Startpunkt im Anwenderprogramm auf die Zeile mit der Nr. "n". Jede Programmzeile muß eine solche Zeilen-Nr. besitzen. Diese Möglichkeit unterstützt den abschnittsweisen logischen Test eines Anwenderprogramms.

RUN "(laufwerksbezeichner:)name" liest ein auf einer Diskette befindliches BASIC-Anwenderprogramm "name" in den internen Speicher und führt sofort die Funktion von "RUN" aus, d. h., es startet das Anwenderprogramm.

Die Parameter zwischen den Anführungszeichen müssen, und das gilt generell, in Großbuchstaben angegeben werden. Fehlt hier die Laufwerksangabe, sucht der Interpreter das Anwenderprogramm "name" auf dem aktuellen Laufwerk und reagiert bei seinem Fehlen mit der Ausschrift

"Can not find".

Wohl jeder Leser wird sich an den Zauberlehrling erinnern, der den Spruch "In die Ecke, Besen ..." vergessen hatte und so in erhebliche Schwierigkeiten geriet. Jeder Computer-ABC-Schütze wird sich irgendwann einmal ebenfalls als Zauberlehrling fühlen, und es ist gut, wenn er sich den folgenden "Zauberspruch" merkt.
Um ein BASIC-Kommando kann es sich dabei nicht handeln, denn der Interpreter hat nach dem RUN die Computersteuerung an das Programm des Zauberlehrlings übergeben und erwartet jetzt keine BASIC-Eingaben mehr.

Ein Anwenderprogramm kann zu jeder Zeit durch die Betätigung der Steuertaste "CTRL" (control), kombiniert mit der Taste "C", beendet werden. Der BASIC-Interpreter meldet sich im RUN-Status mit der Ausschrift "Break at n" zurück, und "n" ist dabei die Zeilen-Nr., bei der das Anwenderprogramm abgebrochen wurde. Die Benutzung eines solchen "Notschalters" kann in der Testphase einer Programmentwicklung sehr hilfreich sein. Das Anwenderprogramm befindet sich nach dieser Notbremsung unverändert im internen Speicher und kann nun in aller Ruhe untersucht werden.

Eine Netzabschaltung würde den Computer "als Besen in die Ecke" stellen, dann aber mit dem unerwünschten Effekt, daß der gerade eingetretene interessante Zustand auch weg wäre und eventuell erst nach einer langwierigen Neueingabe wieder herbeigeführt werden könnte.

SYSTEM
Dieses Kommando beendet die Arbeit des Interpreters und gibt die Computersteuerung an SCP zurück. Dabei sollte der Anwender nie vergessen, die Ergebnisse seiner Arbeit auf einer Diskette zu archivieren. Dazu dienen ihm die Diskettenkommandos des BASIC-Interpreters, die jetzt beschrieben werden sollen.

Kommandos zur Arbeit mit Disketten

Der Anwender hat den berechtigten Wunsch, sein Werk, das BASIC-Programm, zu archivieren. Dazu bietet sich die Diskette als schneller und sicherer externer Speicher an, von dem es später genauso schnell und sicher zur Abarbeitung in den internen Speicher geladen werden kann. Jedes Programm wird als Datei unter einem vom Anwender gewählten Namen auf der Diskette durch das Betriebssystem verwaltet. Der Fibelleser erwartet jetzt mit Recht die Bedingungen, die das Betriebssystem für die Bildung der *Dateiidentifikation* fordert. Bei SCP gilt folgende allgemeine Form:

```
(laufwerksbezeichner:)dateiname(.erweiterung).
```

Der Dateiname darf aus maximal 8 Zeichen bestehen. Das erste Zeichen muß ein Alphazeichen sein.
Nach dem Dateinamen kann, getrennt durch einen Punkt, eine maximal 3 Zeichen lange Erweiterung angegeben werden, die den Typ der Datei charakterisiert. BASIC-Programme erhalten vom Interpreter generell den Typ `".BAS"`; er muß deshalb in BASIC-Kommandos, mit denen Programme geladen oder abgespeichert werden, nicht angegeben werden. Darüber hinaus kennt SCP noch weitere Dateitypen, z. B. `".COM"` für abarbeitungsbereite Maschinenprogramme. Der Interpreter ist beispielsweise immer mit seinem Namen

```
BASIC.COM
```

auf seiner Diskette abgespeichert. Solche Lademoduln werden mit SCP-Kommandos, die mit dem Dateinamen identisch sind, in den internen Speicher geladen und gestartet. Fehlt bei diesen Dateien die Erweiterung `.COM` oder ist eine andere vorhanden, läßt sich dieses Programm nicht starten, und genauso läßt sich ein BASIC-Anwenderprogramm ohne die Erweiterung `.BAS` nicht durch BASIC-Diskettenkommandos ansprechen. Diese Aussage erscheint auf den ersten Blick überflüssig, da der Interpreter ja nach der vorangegangenen Aussage selbst für das ".BAS" sorgt. Wir müssen aber noch erwähnen, daß weitere Dateitypen, auch beliebig vom Anwender gewählte, möglich sind und daß ein BASIC-Programm auch unter Steuerung eines anderen Interpreters oder unter Steuerung von `TP` entstanden sein kann, vor seiner Benutzung unter Steuerung von BASIC also noch außerhalb dieses Interpreters für ihn aufbereitet werden muß. Das ist aber die Arbeit von Spezialisten.

```
FILES "(laufwerksbezeichner:)*.erweiterung"
```

Der programmierende Anwender kann seine selbst festgelegten Dateinamen leicht vergessen, oder er weiß nicht mehr, auf welcher Diskette sie archiviert sind. Das haben die Entwickler des Interpreters geahnt und geben dem Anwender mit diesem Kommando die Möglichkeit, auf der Diskette nachzuforschen (Files = Dateien im englischen Sprachgebrauch). Folgende Hinweise gelten für dieses Kommando:

- Großschreibung zwischen den Anführungszeichen.
- Laufwerksbezeichner und Doppelpunkt nur, wenn eine Diskette untersucht werden soll, die nicht im aktuellen Laufwerk liegt.
- Für "Erweiterung" ist normalerweise `".BAS"` anzugeben. Der Anwender sucht ja im Kommandostatus von BASIC für diesen lesbare Dateien. Interessiert man sich aber für alle auf dieser Diskette möglicherweise gespeicherten Programme, gibt man für "Erweiterung" ebenfalls ein Sternchen an. Auf diese Weise findet man mit Sicherheit auf einer der aufliegenden Disketten die Datei `"BASIC.COM"`.

Beispiel:

`FILES "*.*"` liefert das komplette Inhaltsverzeichnis der im aktuellen Laufwerk befindlichen Diskette auf den Monitor.

`LOAD "dateiidentifikation"`

Mit Hilfe dieses Kommandos kann sich der Anwender sein irgendwann einmal archiviertes Programm von einer Diskette in den internen Speicher laden. Er wird dieses Kommando immer dann benutzen, wenn die Arbeit an seinem Anwenderprogramm noch nicht beendet ist oder in der Anwendung Fehler auftreten. Nach dem Laden kann dieses Programm beliebig verändert werden, bevor es mit dem Kommando `RUN` gestartet wird.

Es ist zu beachten, daß das geladene Programm immer ein schon im internen Speicher befindliches überschreibt. Allerdings gibt es auch Interpreterkommandos, die ein Hinzuladen ermöglichen. Sie werden hier nicht behandelt.

Zur Erinnerung: Ein fertiges und anwendungsbereites Programm konnte mit dem Kommando

```
RUN "(laufwerksbezeichner:)dateiname"
```

sofort geladen und gestartet werden.

Beispiel:

`LOAD "B:BOHRLOCH"` lädt das Programm `BOHRLOCH.BAS` vom Laufwerk B. Es befindet sich nach dem `"OK"` im internen Speicher.

SAVE "dateiidentifikation",A
Das Kommando sichert das im internen Speicher befindliche Anwenderprogramm mit dem in der Dateiidentifikation angegebenen Dateinamen und der Erweiterung ".BAS" auf der angegebenen Diskette. Der Parameter "A", der als Kleinbuchstabe angegeben werden kann, sorgt dafür, daß das Programm auch außerhalb des Interpreters, z. B. von TP, gelesen werden kann; es wird im ASCII-Format abgespeichert. Andere Angaben an dieser Stelle oder das Fehlen von "A" lassen diese Möglichkeit nicht mehr zu. Das Programm ist jetzt geheim, ein ABC-Schütze sollte sich aber noch nicht mit solchen Spitzfindigkeiten belasten.
Die Möglichkeit, ein BASIC-Programm unter Steuerung von "TP" einmal auszulisten, ist zumindest für Schönheitsfans von einiger Bedeutung; denn der BASIC-Interpreter kennt keine Seitenformatsteuerung, er listet fröhlich über das Ende einer Seite hinweg. Als Beispiel für dieses Kommando kann

```
SAVE "BOHRLOCH",A
```

gelten. Es archiviert das im internen Speicher befindliche Programm unter dem Namen BOHRLOCH.BAS auf der Diskette, die sich im aktuellen Laufwerk befindet. Sie wird dort im ASCII-Format abgespeichert.
War auf der ausgewählten Diskette bereits ein Programm mit dem in der Dateiidentifikation angegebenen Namen gespeichert, wird diese Datei mit dem Inhalt des internen Speichers überschrieben. So kann stets der neueste Stand archiviert werden, aber jetzt brauchen wir schon nicht mehr auf die Gefahr eines irrtümlichen Überschreibens hinzuweisen. Der vorsichtige Programmierer legt sich deshalb "Dateigenerationen" an, indem er eine andere Diskette wählt oder einen anderen Dateinamen für seine neue Programmversion angibt. So läßt sich auch schnell und mühelos ein Duplikat erzeugen.

KILL "vollständige dateiidentifikation"
Ein fleißiger Anwender wird relativ schnell seine Disketten vollgeschrieben haben. Dabei gilt auch hier die Volksweisheit: "Wo gehobelt wird, fallen Späne", und daraus entsteht wieder der Wunsch, die überflüssigen Späne, also die Programme und Programmversionen, die bei einer größeren Programmerarbeitung entstanden sind, zu entfernen, sobald eine endgültige ausgetestete Version des Programms vorliegt. Zum Beispiel killt

```
KILL "B:TEST.BAS"
```

das Programm TEST.BAS auf der im Laufwerk "B" liegenden Diskette. ".BAS" muß hier angegeben werden!

Kommandos zum Editieren eines Anwenderprogramms

Editieren ist unter Interpretersteuerung als Eingabe, Einfügen, Streichen und Darstellen (Listen) von Programmzeilen zu verstehen. Die Editierkommandos beziehen sich demnach auf Programmzeilen oder auf das gesamte Programm des Anwenders.
Die allgemeine Form einer Programmzeile wird mit unserer festgelegten Notation wie folgt dargestellt:

zeilen-nr. statement (:statement:statement:.........statement)

- Zeilen-Nr. ist eine numerische Angabe (symbolische Adresse), die in 10er-Schritten gemacht werden sollte, damit ein späteres Einfügen von Programmzeilen in kleineren Schritten möglich wird.
- Statement ist der eigentliche BASIC-Befehl, den wir zur Unterscheidung zum Befehl der Maschinencodeprogramme so nennen, und diese Bezeichnung wird auch für Befehle anderer Hochsprachen verwendet.
  Sollen mehrere Statements in die maximal 255 Zeichen lange Programmzeile gepreßt werden, sind sie durch Doppelpunkte voneinander zu trennen; der Doppelpunkt wird also im Statement selbst verboten sein. Eine so konstruierte Programmzeile liefert eine geringfügige Platzeinsparung im internen Speicher und eine kaum zu spürende Geschwindigkeitserhöhung bei der Abarbeitung dieses Programms. Man sollte möglichst auf diese Form verzichten, damit das Programm überschaubar und korrigierbar bleibt. Bei bestimmten logischen Statements (z. B. "IF") wird diese Möglichkeit allerdings sinnvoll eingesetzt.
  Der Interpreter arbeitet eine Programmzeile, die mehrere Statements enthält, immer von links nach rechts ab – ein dazwischen stehendes Statement kann aus dem Programm also nur nach Abarbeitung der links von ihm stehenden Statements erreicht werden. Das ist jedoch oft nicht erwünscht und wird erst beim Fortschreiben oder bei einer Programmkorrektur bemerkt.

Die allgemeine Form des Statements ist folgende:

schlüsselwort (ausdruck)('kommentar)

Schlüsselwort und Ausdruck müssen durch Leerzeichen voneinander getrennt sein; den wahlweise angebbaren Kommentar erkennt der Interpreter durch den vorangestellten Apostroph.
Während einige Statements ohne Ausdruck auskommen, besitzen andere mehrteilige Schlüsselwörter, deren Ausdruck zwischen zwei Teilen liegen muß. Sie werden bald konkret beschrieben.

- Im Schlüsselwort ist der eigentliche BASIC-Befehl verschlüsselt.
- Der Ausdruck ist für eine Reihe von Schlüsselwörtern notwendig, um diese arbeitsfähig zu machen. Seine Form ist durch das Schlüsselwort bestimmt. Es muß hier schon jedem Leser einleuchten, daß z. B. der Sprungbefehl mit dem Schlüsselwort GOTO ohne Angabe "wohin" sinnlos ist. Der Ausdruck muß in diesem Fall eine symbolische Adresse im Programm sein, eine Zeilen-Nr. Wird sie einmal später vergessen, meckert der BASIC-Interpreter genau dieses Statement an und bleibt stehen.
- Kommentare erhöhen die Lesbarkeit eines Anwenderprogramms, auch für den Autor selbst, wenn er nach längerer Zeit wieder einmal in sein Werk schaut – in der Regel zum Zweck einer Überarbeitung.

Beispiel für eine Programmzeile:

`90 PRINT "Hallo Monitor!"`	'Ausgabe einer Zeichenkette auf den Monitor.
– Zeilen-Nr. = 90	
– Schlüsselwort = `PRINT`	(von der Zeilen-Nr. durch Leerzeichen getrennt!)
– Ausdruck = `"Hallo Monitor!"`	(durch Leerzeichen vom Schlüsselwort getrennt).

Die Anführungszeichen sind Bestandteil des Ausdrucks; sie sagen dem Interpreter, daß er hier einen Text auf den Monitor ausgeben soll und deshalb keine Umwandlung von binären Codes (Zahlenwerte) in ASCII vorgenommen werden muß.

- Kommentar = Ausgabe einer Zeichenkette auf den Monitor.

  Diese Zeichenkette, markiert durch einen vorangestellten Apostroph, interessiert den BASIC-Interpreter bei der Abarbeitung des Anwenderprogramms überhaupt nicht. Er verwaltet sie nur, um sie in eine eventuell geforderte Programmliste einzusetzen.
  Leerzeichen vor dem Kommentar müssen nicht eingetippt werden; sie dienen hier nur der Lesbarkeit der Programmliste, denn Anführungszeichen und Apostroph hintereinandergeschrieben sehen doch zu komisch aus.

BASIC-Programmzeilen können immer nach Eingabebereitschaft des Interpreters "OK" eingegeben werden. Durch die alleinige Eingabe einer

Zeilen-Nr. wird eine Programmzeile mit gleicher Nr. im internen, vom Interpreter verwalteten Speicher gelöscht.
Durch Eingabe einer Programmzeile mit einer schon vorhandenen Zeilen-Nr. wird die schon vorhandene Programmzeile im internen Speicher überschrieben. Programmzeilen, deren Nr. zwischen den schon im internen Speicher befindlichen liegen, werden vom Interpreter richtig in das Programm eingefügt. Das Fortschreiben eines Programms wird selbstredend durch die Wahl einer Zeilen-Nr., die größer ist als die größte im internen Speicher befindliche, realisiert.
Für den versierten BASIC-Anwender gibt es noch ein Editierkommando, mit dessen Hilfe er auch Positionen innerhalb einer Zeile erreichen kann. In dieser Fibel gehen wir aber nicht auf dieses Superkommando ein.
Die Programmeingabe ist die Grundfunktion des Interpreters, für die er keine speziellen Kommandos benötigt. Erst wenn eine Funktion aus dem Vorrat der im BASIC-Interpreter programmierten Möglichkeiten aktiviert werden soll, muß ein Anwender das entsprechende Kommando eingeben.

`AUTO n(,m)`
Dieses Kommando erleichtert die Eingabe von Statements.

- `n` ist eine Zeilen-Nr., von der an automatisch Zeilennummern gebildet und an die erste Position der einzugebenden Programmzeile gesetzt werden. Auch das folgende, sonst einzutippende Leerzeichen ist dann schon vorhanden.
- `m` ist die Schrittweite, mit der die nächste Zeilen-Nr. gebildet werden soll. Fehlt sie, wird 10 als Standardwert angenommen.

Die durch `AUTO` eingeschaltete Automatik kann nur mit der schon erwähnten Tastenkombination CTRL/C beendet werden. Danach muß man, wenn weitere Zeilen eingegeben werden sollen, die Zeilen-Nr. wieder selbst eintippen. Dieser aufwendigeren Form werden sich auch die schreibfaulen Anwender bedienen, wenn sie kleine Korrekturen erledigen müssen. Dafür ein Beispiel:
`AUTO 30` erzeugt ab Zeilen-Nr. 30 fortlaufende Zeilen-Nr.
30 zeileninhalt bis "Eingabeendetaste"
40 zeileninhalt bis "Eingabeendetaste"
50 zeileninhalt bis "Eingabeendetaste"
.
.
CTRL/C beendet diesen Eingabezustand.
Jetzt kann eine kleine Einfügung zwischen Zeile 30 und 40 wie folgt vorgenommen werden:

31 zeileninhalt
35 zeileninhalt
38 zeileninhalt
Hier natürlich mit Eingabe der Zeilen-Nr.!

In der gleichen Weise können so Überschreibungen und Anfügungen realisiert werden, wobei man für größere Anfügungen wieder den AUTO-Zustand einschalten kann. Für eine weitere Kommandoeingabe muß dieser selbstverständlich erst wieder abgeschaltet werden. Nach einem erneuten CTRL/C kann also ein weiteres Editierkommando eingegeben werden oder eines der schon bekannten Kommandos, z. B. das RUN.

NEW
Möchte der Anwender das schon eingegebene Programm komplett im internen Speicher ausradieren, reicht das Kommando NEW. Danach besitzt der Speicherbereich, der von BASIC für Anwenderprogramme verwaltet wird, wieder einen für BASIC völlig reinen Zustand.

LIST (parameter)
Den Wunsch, sein Gesamtwerk nach Eingabe und Korrektur zu betrachten, kann sich ein Anwender jederzeit durch diese Kommandoeingabe erfüllen. Fehlt eine Parameterangabe, wird das gesamte im internen Speicher befindliche Programm auf dem Monitor ausgelistet. Ist es größer als 24 Zeilen, was in den meisten Fällen so sein wird, läuft es so schnell über den Bildschirm (der Computerfachmann sagt: "Es rollt aus"), daß man nicht folgen kann. Das rollende Bild kann in diesem Fall durch die Betätigung einer Funktionstaste angehalten bzw. abschnittsweise weitergerollt werden. Eine weitere Möglichkeit für die abschnittsweise Darstellung eines Anwenderprogramms auf dem Monitor bietet die Parameterangabe im Kommando LIST. Parameter sind hier Zeilennummern, die wie folgt kombiniert angegeben werden können:
n listet die Zeile mit der Nr. "n",
-n listet alle Zeilen von Programmanfang bis einschließlich der Zeile mit der angegebenen Nr. "n",
n- listet alle Zeilen von der angegebenen Nr. "n" bis zum Programmende,
n-m listet alle Zeilen von der angegebenen Nummer "n" bis einschließlich "m".
Sind "n" oder "m" konkret nicht in der Folge der im internen Speicher befindlichen Programmzeilen enthalten, wird bis zur nächstgrößeren Zeilen-Nr. oder von der nächstkleineren gefundenen Zeilen-Nr. an gelistet.

`LLIST (parameter)`
Dieses Editierkommando funktioniert genau wie das `LIST`-Kommando, gibt aber einem Anwender die Möglichkeit, mit seinem Programm ein Schriftstück anzufertigen. Die Voraussetzung für das Funktionieren dieses Kommandos ist ein eingeschalteter Drucker. Die Liste wird auf Computerpapier – Sie erinnern sich doch noch an den Leporello – oder auch auf ganz normales Schreibpapier gedruckt (je nach Druckerausrüstung) und ohne Seitenformat (also Vorschub und Numerierung) erzeugt. Sie wird, abgesehen von dem Wunsch, etwas Bleibendes zu erzeugen, vorwiegend für die Fehlersuche benötigt, denn vor dem Computer ist man häufig wie blind, und erst später öffnen sich dem Programmierer im Kollegenkreis beim Erklären des gar nicht möglichen Fehlers die Augen.
Die Programmliste ist hier, das wird jeder gleich einsehen, als Arbeitsgrundlage unerläßlich.
Abschließend noch ein Hinweis zum Komplex "Editierkommandos" (die Statements der Programmzeilen werden im Abschnitt "Elemente der Hochsprache BASIC" gründlicher behandelt): Ein Anfänger unter den Anwendern wundert sich sicher, wenn er eine Programmzeile versehentlich ohne Zeilen-Nr. eingetippt hat und diese Zeile später nicht in seinem Programmlisting wiederfindet. Beim Ausgabestatement `PRINT` wundert er sich noch mehr, denn der Interpreter reagiert sofort mit der Abarbeitung dieses Statements. Was ist geschehen?

Alle uns bekannten Interpreter lassen sich durch Weglassen der Zeilen-Nr. in den Tischrechner- oder Direktmodus umschalten. Der Interpreter versucht eine solche Programmzeile sofort abzuarbeiten, unabhängig davon, ob gerade ein Programm editiert wird oder nicht. Mit solchen Programmzeilen läßt sich kein geschlossenes Programm editieren und schon gar nicht archivieren. Das bevorzugte Statement einer Programmzeile im Direktmodus ist das mit dem Schlüsselwort `PRINT`. Eine vorteilhafte Anwendung des Direktmodus kann z. B. die sofortige Berechnung eines arithmetischen Ausdrucks in der Testphase eines EDV-Projektes sein.

```
PRINT 13.8*4^2
```

liefert beispielsweise sofort das Ergebnis
```
3047.04
```
auf den Monitor.

Alfonsine *Ich finde, wir halten uns lange mit der Vorrede auf. Wir wollen doch das Programmieren erlernen!*

Mutter A. *Ich glaube, das siehst du falsch. Ohne diese Grundkenntnisse ist es nicht möglich, die folgenden Ausführungen über das Programmieren zu verstehen.*

Rudi R. *Deine Mutter hat völlig recht. Du wirst sehen, wie oft du bei der Programmierung zu diesem Abschnitt zurückblättern wirst. Wir sollten übrigens noch ganz kurz über die Belegung und Verwaltung des internen Speichers durch SCP und BASIC sprechen. Beim Besprechen der BASIC-Statements werden wir erneut damit konfrontiert werden.*

Der interne Speicher des Computers ist das Arbeitsfeld der Programme. Alles, was dort erledigt werden kann, schöpft die Geschwindigkeit des Computers voll aus. Erst wenn auf externe Speicher zurückgegriffen werden muß, spüren wir eine deutliche Verlangsamung des Computers bei der Abarbeitung der Aufgabe, und zwar auf allen schon genannten Ebenen: System, Interpreter, Anwenderprogramm.
In unserer Fibel werden wir die Möglichkeit, Programmteile und Daten während der Arbeit eines Anwenderprogramms auf externen Speichern abzulegen und bei Bedarf wieder in den internen Speicher zu laden, um damit zur Zeit nicht benötigte Speicherbereiche zu überschreiben, nicht behandeln. Sie ist aber bei anspruchsvollen Datenverarbeitungsaufgaben unerläßlich.
Der interne Speicher (RAM) des PC wird unter SCP-Steuerung grob in folgende Abschnitte unterteilt und darf nicht überschrieben werden:

Adresse (hexadezimal)	Inhalt
0 – FF	Verständigungs- und Steuerdaten für die Zusammenarbeit von SCP und BASIC-Interpreter/Programm.
100 – BFFF	Interpreterbereich. Das Interpreterprogramm ist ab Adresse 100 gespeichert, und hinter diesem liegt der von ihm verwaltete Bereich des Anwenderprogramms und der dort definierten Daten.
C000 – FFFF	SCP-Bereich, geteilt in die Komplexe – CCP, Verarbeitungsprogramm für SCP-Kommandos. Dieser Bereich wird nach dem Laden von BASIC durch den Interpreter dem Bereich für das Anwenderprogramm zugeschlagen. Bei Beendigung der Interpreterarbeit (Kommando `SYSTEM`) muß der Interpreter deshalb noch dafür sorgen, daß der CCP wieder richtig belegt ist. Ein Anwender erkennt

diese Aktion am Zugriff auf das aktuelle Laufwerk, von dem der CCP wieder geladen wird. Erst danach meldet sich das Betriebssystem SCP mit seinem PROMPT.

- BDOS, logisches SCP, also die Schnittstelle zwischen dem vom Anwender geladenen Programm und dem physischen SCP.
- BIOS, physisches SCP, das sind die Treiberprogramme für die Hardwaresteuerung.

Demjenigen, dem die Begriffe "logisches" und "physisches" SCP völlig unbekannt erscheinen, schlagen wir vor, noch einmal zum Abschnitt über die ZRE zurückzublättern.

Vater A. *Ich glaube, wir haben wieder einmal eine kleine Pause verdient. Ich werde sie nutzen, um eine wahre Begebenheit zur Problematik "Speicherplatz" zu erzählen. Mein Freund Rudi ist sehr mit dem Sport verbunden, und zwar als Rechenknecht. Vor einiger Zeit wurde ihm von den Seglern die Erarbeitung des BC-Projektes "Auswertung von Segelregatten" übertragen. Der Computer sollte bei großen Regatten am Ort eingesetzt werden, um menschliche (und damit fehleranfällige) Arbeit einzusparen und die Ergebnisse wesentlich früher verfügbar zu machen. Nun kann die Datenmenge einer Bootsklasse bis zu 13000 Bytes betragen, und da der Computer von Laien bedient werden soll, wird ein anspruchsvoller Mensch-Maschine-Dialog gefordert, der viel Speicherplatz benötigt. Da an einer Regatta meistens mehrere Bootsklassen teilnehmen und in jeder Bootsklasse Sonderauswertungen, z. B. nach Altersklassen, gewünscht werden, müssen Dateien auf Disketten verwaltet werden, ähnlich wie im Dienstprogramm TP. Rudi benötigte etwa 40000 RAM-Bytes für eine schnelle, elegante Lösung und mußte dieses Projekt deshalb mit Assemblerprogrammen realisieren. Die Programmentwicklung war sehr viel aufwendiger als bei einer BASIC-Lösung. Dafür beträgt die Laufzeit nur $^1/_{20}$ bis $^1/_{15}$ gegenüber einem äquivalenten BASIC-Programm. Drei bis fünf Minuten nach der Dateneingabe konnte die komplette Ergebnisliste vorgelegt werden, die sinnvoll sortiert alle wichtigen Daten enthält. Das veranlaßte die Journalisten bei einer Europameisterschaft der Soling-Segler zu dem Satz: "Für die Qualität und Schnelligkeit der Ergebnisse gebührt dem Veranstalter ebenfalls eine Goldmedaille."*
Und noch etwas hat Rudi mit dieser EDV-Lösung erreicht. Er hat wieder einmal bewiesen, daß der Computer, richtig eingesetzt, ein tolles Hilfsmittel für den Menschen sein kann.

Rudi R. *Ich schlage vor, wir behandeln nun die grundlegenden Statements, die wir in etwa gleicher Form in allen Interpretern und sogar bei den programmierbaren Taschenrechnern wiederfinden. Nur bei den speicherplatzbelegenden Daten, den Variablen und Konstanten, muß man aufpassen. Hier gibt es bei den verschiedenen Interpretern recht erhebliche Abweichungen gegenüber dem hier behandelten SCP/BASIC.*

Elemente der Hochsprache BASIC

Wir wissen jetzt, wie BASIC-Statements in den Computer eingegeben werden und welche Kommandos der Interpreter benötigt, um etwas mit ihnen anzufangen.
Damit wir ein Programm in BASIC schreiben können, müssen wir die Sprachelemente kennenlernen, die zum gewünschten Statement zusammengestellt werden sollen. Das Statement ist die kleinste abarbeitungsfähige Einheit des BASIC-Programms, das der Interpreter Statement für Statement in eine Folge von durch den Computer abarbeitbaren Maschinencodes umwandelt. Die einem Statement entsprechende Maschinencodefolge wird sofort ausgeführt.
Der Programmierer braucht sich nicht um Adressen im internen Speicher zu kümmern; sie werden vom Interpreter verwaltet. Im BASIC-Programm werden durch die Statements *symbolische Adressen* definiert, auf die von anderen Statements Bezug genommen werden kann. Die Zeilen-Nr., die wir bereits kennen, ist beispielsweise eine symbolische Adresse.
Während der Eingabe der einzelnen Statements, die in ihrer für den Eingeweihten noch lesbaren Form auf dem Monitor als Echo erscheinen, wandelt der Interpreter sie in eine komprimierte Form um. Dieses Komprimat wird im internen Speicher eingetragen und ist für den Menschen weder lesbar noch sichtbar. Dabei wird der für große Programme doch recht knappe Speicherplatz von etwa 27 K optimal ausgelastet.
Durch die Wahl zweckmäßiger Sprachelemente hat der Programmierer ebenfalls Einfluß auf eine optimale Speicherauslastung. Sein Gefühl für die Hardware kann ihm helfen, erhebliche Rechenzeiten und aufwendige Dateiarbeit einzusparen.
Zur Erinnerung:
Ein Statement besteht aus den Elementen

schlüsselwort (ausdruck) ('kommentar).

Leerzeichen zwischen den Elementen sind vorgeschrieben. Innerhalb von "ausdruck" und "kommentar" eines Statements haben sie keinen Einfluß auf den Inhalt dieser Programmeinheit. Sie erhöhen aber die Lesbarkeit einer Programmliste. Das ist immer dann von Vorteil, wenn man "wieder einmal" in sein eigenes oder in ein fremdes Programm sehen möchte (oder muß).

Das Schlüsselwort

Das Schlüsselwort des Statements ist eine Konstante, die aus mehreren Teilen bestehen kann. In ihm ist die eigentliche Funktion des Statements verschlüsselt. Hier ein Beispiel:

`INPUT` realisiert eine Tastatureingabe mit Warten auf die "Eingabeendetaste".

Ein "Programmierhandbuch" besteht im wesentlichen aus der Beschreibung der einzelnen Schlüsselwörter. Ihre Vielfalt macht den Umfang einer Programmiersprache aus.

Der Ausdruck

Abhängig vom Schlüsselwort ist der Ausdruck zu formulieren. Der Teil "ausdruck" eines Statements enthält die eventuell für ein Schlüsselwort notwendigen Zusatzinformationen, die aus Konstanten und Variablen in BASIC-spezifischer Notation bestehen müssen. Konstanten und Variablen in einer Notation kennen wir bereits. Hier muß jetzt auf ihre Form in der Hochsprache BASIC eingegangen werden. Wir weisen besonders darauf hin, daß diese allgemeinen Aussagen für das Erlernen einer Programmiersprache von großer Bedeutung sind.

Konstanten und Variablen einer Programmiersprache belegen Speicherplätze im internen Speicher des Computers. Konstanten werden durch ihren Wert in "ausdruck" definiert. Variablen müssen vor ihrem Auftreten in einem Statement definiert sein oder im Statement selbst definiert werden. Sie stellen symbolische Adressen dar.

Im Sinne einer speicherplatzsparenden Programmierung ist es wichtig zu wissen, welche Konstanten- oder Variablentypen wieviel Speicherplatz belegen. Der BASIC-Interpreter muß diese Werte in computerinterne Binärdaten umwandeln.

Konstanten

Konstanten werden in BASIC durch gültige Zeichen des ASCII-Codes (Ziffern, Buchstaben und Sonderzeichen) definiert. Man unterscheidet Zahlenkonstanten und Zeichenkettenkonstanten.

Zahlenkonstanten

Eine Zahlenkonstante ist eine Folge von Dezimalziffern (0–9), eventuell durch die Sonderzeichen ".", "+" und "−" ergänzt. Für besondere Zahlenkonstanten sind auch noch die Buchstaben "D" und "E" zugelassen, andere Konstruktionen sind falsch. Am Ende der Zahlenkonstanten dürfen noch die Sonderzeichen %, ! und # angefügt werden.

– Eine Zahl zwischen +32767 und −32767 wird als *"integer"* vom Interpreter in 2 Bytes des internen Speichers eingetragen.

  Beispiele: 1 1000 −27 −32700

– Reelle Zahlen, in der Computerwelt als *real* bekannt, werden in 2 Gruppen unterteilt. Diese Unterteilung ist eine weitere Möglichkeit für einen Anwender, sein Programm so klein wie möglich zu halten. Realkonstanten werden entweder in der bekannten Schreibweise mit einem Dezimalpunkt angegeben oder in der aus der Mathematik bekannten Exponentialschreibweise mit einem Exponenten zur Basis 10 dargestellt. Für diese Exponentialschreibweise ist eine BASIC-Festlegung einzuhalten, aus der der Interpreter erkennen kann, wieviel Bytes er für diese Zahl verwenden soll. Bei der einfachen Zahlendarstellung mit einem Dezimalpunkt wählt er die gerade ausreichende Anzahl von Bytes der Gruppen "Einfachgenaue" oder "Doppeltgenaue" Realkonstanten.

Einfachgenaue Realkonstanten belegen 4 Bytes im internen Speicher. In ihnen werden Zahlen zwischen

±9.999999E−38 und ±1E+38

binär dargestellt. "E" kennzeichnet den Exponenten. In der Mantisse können maximal 7 Ziffern angegeben werden, natürlich dezimal; der Interpreter besorgt die Umwandlung in die interne Binärdarstellung. Er läßt auch binäre und hexadezimale Eintragungen als Konstanten im Programm zu, die aber als solche gekennzeichnet sein müssen. Wir gehen auf diese Interpreterleistung nicht ein, aber ein weit vorangeschrittener BASIC-Programmierer wird auch diese Möglichkeit einmal sinnvoll nutzen, z. B. bei der Kopplung eines BASIC-Anwenderprogramms mit einem vorher in den internen Speicher geladenen Maschinenprogramm.

Beispiele:
3.99
-4.711E15 (=-4711000000000000)
0.33E-10 (=0,000000000033)
Eine beispielsweise eingetippte Konstante 40000 ist ebenfalls legal. Der Interpreter erkennt in diesem Fall, daß 40000 nicht als integer darstellbar ist und trägt sie, obwohl ihr die Merkmale einer Realkonstante fehlen, richtig in 4 Bytes ein. Im Programmlisting erkennen wir diese für uns angenehme Eigenmächtigkeit daran, daß hinter der 40000 ein "!" gesetzt wird, ein Sonderzeichen, welches wir bei den Realvariablen dieses Typs wiederfinden werden.
Wenn 7 Stellen in der Mantisse einer Zahl nicht ausreichen, also z. B. eine Zahl 0,123456789 so genau wie angegeben im Programm verarbeitet werden muß, dann ist die Gruppe der doppeltgenauen Realkonstanten zu wählen.
Doppeltgenaue Realkonstanten belegen schon 8 Bytes im internen Speicher. Für die Mantisse sind maximal 16 Ziffern zugelassen, Dezimalpunkt und Vorzeichen zählen hier nicht mit. Der maximale Absolutwert des Exponenten bleibt 38.
Um eine solche Zahl in ihrer vollen Länge in ein Statement eintragen zu können, muß der Anwender dem Interpreter allerdings diesen Wunsch mitteilen. Eine Automatik wie bei den einfachgenauen Realkonstanten gibt es hier nicht!
Man muß die Beispielzahl 0,123456789 also nach einem der folgenden Muster als Konstante angeben, wenn man keine automatische Kürzung (allerdings mit Rundung) erleben will:
0.123456789#
oder
0.123456789D0
oder
1.23456789D-1
usw.
Die Angabe 0.123456789 würde zu einer Eintragung 0.123457 im Programm führen. Damit wäre aber eine einfachgenaue Realkonstante definiert.

Zeichenkettenkonstanten
Die Zeichenkettenkonstante ist die durch maximal 255 alphanumerische Zeichen des ASCII-Codes, in Anführungszeichen eingeschlossene, definierte Konstante. Gültig sind in dieser Zeichenkette alle Codes außer Anführungszeichen. Zeichenkettenkonstanten belegen soviel Bytes im Spei-

cher, wie Zeichen in ihnen definiert sind, plus 3 Bytes, die der Interpreter für ihre Verwaltung benötigt.
Beispiel:
`"ABcdE ... , -"`

Variablen

Es ist sinnvoll, in Programmen Speicherplätze zu definieren, d. h., symbolische Adressen in den Ausdrücken von Statements zu verwenden, die sich auf Speicherplätze außerhalb des von den Programmstatements belegten Speicherbereichs beziehen. Diese Speicherplätze sollen für Daten reserviert werden, die sich im Programmverlauf ändern müssen oder die erst mit Erreichen bestimmter Statements im Programm dort deponiert werden sollen. Die so reservierten Speicherplatzgrößen entsprechen immer einer der schon bekannten, von Konstanten belegten Anzahl von Bytes. Der Interpreter muß also aus der Form der symbolischen Adresse "Variable" erkennen können, ob es sich um

- Integervariablen,
- Realvariablen oder
- Zeichenkettenvariablen

handelt.

Diese symbolischen Adressen von Datenspeicherplätzen werden in Hochsprachen übrigens allgemein *Variablennamen* genannt. Für BASIC, unter Steuerung von SCP, gelten folgende allgemeine Festlegungen für Variablennamen:

- Allgemeine Form: variablenname (sonderzeichen)
- Jeder Variablenname beginnt mit einem Buchstaben. Er darf maximal aus 40 alphanumerischen Zeichen bestehen, sollte aber kurz gehalten werden, damit kein Speicherplatz verschwendet wird.
- Das Sonderzeichen im Variablennamen sagt dem Interpreter, wie viele Bytes er für die Variable reservieren muß. Es gilt:
  ! = einfachgenaue Realvariablen (4 Bytes) (kann weggelassen werden)
  # = doppeltgenaue Realvariablen (8 Bytes)
  % = Integervariablen (2 Bytes)
  ¤ = Zeichenkettenvariablen

Hinweis: Werden Variablennamen gebildet, die z. B. Schlüsselwörtern entsprechen, reagiert der Interpreter mit `"Syntax error"`, obwohl für den erstaunten Programmierer das Statement fehlerfrei ist. Abhilfe schafft hier nur die Veränderung des Variablennamens.
Zum Beispiel sind `A`, `A%` und `A¤` voneinander verschiedene Variablennamen, die auch verschiedene Speicherplatzgrößen benötigen. Die Programmgestaltung durch Variablen ist aber damit noch nicht erschöpft. Es

ist möglich, mit dem Statement `DIM` aus logisch zusammengehörigen Variablen sogenannte *Felder* zu bilden, in denen die einzelnen 2-Byte-, 4-Byte- oder 8-Byte-Größen jeweils ein *Feldelement* darstellen. Denken wir einmal an Meßreihen, bei denen ebenfalls eine Feldstruktur vorliegt. Dafür aber noch ein Beispiel:
Für eine durch den Computer auszuwertende Meßreihe soll Speicherplatz für maximal 101 Meßwerte im Auswertungsprogramm reserviert werden. (Beachte: Es wird ab 0 gezählt!).

`10 DIM A(100)`	reserviert 404 Bytes für maximal 101 Werte, die
:	im Wertbereich einer einfachgenauen Realkon-
:	stante liegen können und auf die im weiteren
:	Programmablauf konkrete Werte gespeichert
	werden sollen.

In so einem Feld hat jedes Element eine Feldadresse, die im Programm wie folgt benutzt werden kann:
`A(20)` ist die Adresse des 21. Wertes der Meßreihe. Auf diesem Feldelement, bestehend aus 4 Bytes, befindet sich der Meßwert, der z. B. als 21. von der Tastatur "abgeholt" wurde. Das Beispiel erklärt die Arbeit mit einem eindimensionalen Feld, auch *Vektor* genannt.
BASIC ermöglicht aber auch die Bearbeitung von mehrdimensionalen Feldern, von denen die zweidimensionalen, die *Matrizen*, am häufigsten benutzt werden. Für sie werden ebenfalls mit dem Statement, das `DIM` als Schlüssselwort enthält, dem Variablennamen entsprechend große Speicherbereiche definiert. Die Elemente einer Matrix sind entsprechend der mathematischen Darstellung mit der Adresse

"feldname(zeilennr.,spaltennr.)"

im Programm zu benutzen; `A(11,21)` wäre z. B. eine gültige Adresse, wenn mit `DIM A....` mindestens ein 12 × 22 Elemente großes Feld definiert wurde.
Analog können auch Zeichenkettenvariablen zu Feldstrukturen zusammengefaßt werden. Allerdings spricht man hier anstelle von "Zeilen-Nr." von "Teilkette", wenn man ein Feldelement adressieren will. Im `DIM`-Statement gilt folgende Analogie:

Index = Anzahl der Teilketten.

Der Inhalt dieser Fibelseite könnte z. B. mit `"DIM FS¤(42)", also 43 Fi`-belzeilen (Teilketten) variabler Länge dimensioniert werden. Die Leerzeichen in einer Zeile müssen, und das sollten wir uns hier schon merken, auch in Zeichenketten mitgezählt werden. Für sie wird in der entsprechenden Speicherzelle das ASCII-Zeichen "Leer" (hexadezimal = 20) eingetragen. Die numerischen Größen, die im Ausdruck des Statements `DIM` auftreten, nennt man *Index*. Sie übermitteln dem Interpreter die vom Programmierer geforderten Speichergrößen.

Kommentare

Jedes Statement eines Anwenderprogramms kann mit einem erklärenden Text eingetippt werden, der lediglich der Dokumentation der Programmliste dient, also keinerlei Einfluß auf die Programmabarbeitung hat. Der Interpreter versteht ihn nicht und speichert ihn nur zu dem obengenannten Zweck mit ab. Er erkennt das Ende des für ihn interessanten Statementteils am Apostroph, ohne den kein Statementkommentar beginnen darf. Wir sollten immer hellhörig werden, wenn von Abspeichern die Rede ist, denn der Interpreter benötigt für Kommentare Speicherplatz, und wir befinden uns in der Zwickmühle: Machen wir nun unser Programm gut lesbar, oder sparen wir lieber Speicherplatz? Dieses Problem muß jeder Anwender für sich lösen, abhängig von seinem Problem. Als Faustregel gilt hier: "Wählen wir den goldenen Mittelweg!" Der gleiche Rat gilt dann später für Statement REM.

Beschreibung der grundlegenden BASIC-Schlüsselworte

In diesem Abschnitt wollen wir Schlüsselworte und die dazugehörenden Ausdrücke der Hochsprache BASIC vorstellen. Es wurde ein Umfang gewählt, mit dem wir in der Lage sind, schon recht anspruchsvolle Programme zu schreiben. Weitere Kenntnisse müssen wir später der jeweiligen Fachliteratur entnehmen. Das Lesen dieser Literatur wird uns mit den jetzigen Kenntnissen leichter fallen.

Der Abschnitt ist wie ein Nachschlagewerk gestaltet. Damit kann er, besonders bei unseren Erstlingsprogrammen, recht effektiv genutzt werden. Vorweg stellen wir eine alphabetisch geordnete Übersicht über die ausgewählten und anschließend in gleicher Reihenfolge beschriebenen BASIC-Schlüsselworte.

`DIM`	*dimensioniere* ein Feld
`END`	*beende* ein Anwenderprogramm (Rückkehr zum Interpreter)
`FOR...TO...(STEP...)`	beginne einen Zyklus und setze *für*...
`GOSUB`	*gehe* in ein *UP* (Sprunganweisung mit Rückkehr)

GOTO	*gehe zu* Zeile (Sprunganweisung)
IF...THEN...(ELSE)	*wenn, dann* ... oder (bedingte Sprunganweisung oder logische Verzweigung)
INPUT	*Eingabe* eines Datenwertes auf eine Variable von der Tastatur der Console mit Warten auf Eingabeende
LET	führe ein Statement aus und *lasse* die Variable der linken Statementseite gleich dem Wert der rechten Seite werden
NEXT	Sprung zum *nächsten* Zyklusdurchlauf oder Zyklusende. Das Statement korrespondiert mit FOR.
PRINT	*"drucke"* auf den Bildschirm der Console
REM	*kommentiere* einen Programmabschnitt
RETURN	springe aus einem UP in das aufrufende Programm *zurück* (korrespondiert mit GOSUB)
STOP	*stoppe* die Programmabarbeitung an dieser Stelle und übergib die Steuerung an den Interpreter.

Rudi R. *Wir wollen nun versuchen, ausreichende Erklärungen für die in der Übersicht ausgewählten BASIC-Grundstatements, die in allen Sprachversionen vorkommen, zu finden.*
Das wird nicht immer einfach sein, und Beispiele sind hier oft die beste Erklärung.

Alfons *Locker beherrschen kann man so eine Sprache sowieso erst nach 100 Versuchen am Computer.*
Laßt uns beginnen!

`DIM ausdruck (index,...,index)`

DIM reserviert Platz im internen Speicher, und zwar außerhalb des Bereichs, der von den Programmstatements belegt ist, entsprechend den in "ausdruck" angegebenen Variablennamen und den dazugehörenden Dimensionsangaben, den Indizes. Dimensionsangaben sind in Klammern zu setzen. Dazu folgende Beispiele:

A(9) reserviert die Speicherplätze für 10 Feldelemente, auf die im Programmverlauf Realkonstanten gespeichert werden können. A(5)im Ausdruck eines Statements wäre eine Adreßangabe, die sich auf Feldelement 6 bezieht.

A%(4,4) reserviert Platz für 25 Integerwerte (also 50 Bytes). Eine Bezugnahme auf ein Element dieser Matrix müßte z. B. mit der Adreßangabe A%(3,2) im Ausdruck eines LET-Statements erfolgen (vgl. Bild 11).

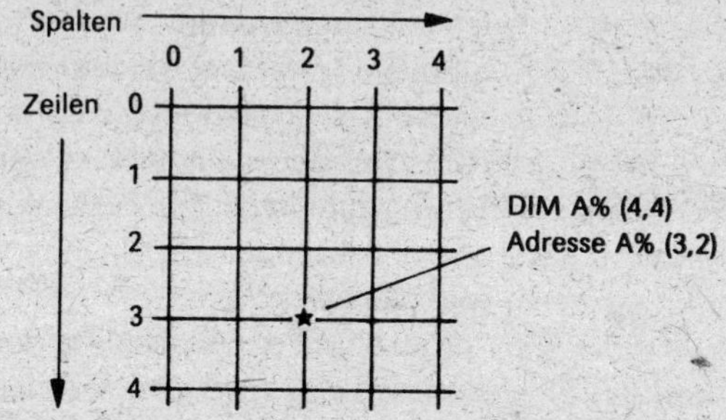

Bild 11 Adressierung einer Matrix

A¤(100) reserviert 303 Bytes zur Organisation für 101 Teilzeichenketten. Die Zeilzeichenketten von A¤ können mit den Adressen A¤(n), n = 0,1,2,...,100 einzeln angesprochen werden. Jede Teilzeichenkette kann maximal 255 Bytes lang sein.

Das Statement DIM A(9),A%(4,4),A¤(100) würde die im Beispiel benutzten Variablen dimensionieren.
Mit dem DIM-Statement werden Variablen und Felder mit dem Wert "0" vordefiniert, wenn ihre Namen auf "numerisch" hinweisen.

Vater A. *Ich bin nicht sicher, ob es uns gelungen ist, beim Anfänger das Interesse für das DIM-Statement zu wecken. Vermutlich wird er bei den ersten Programmierversuchen einen großen Bogen um dieses Statement machen, aber schon sehr bald wird er seine Vorzüge erkennen.*

Alfons *Ja, und zwar immer dann, wenn er eine zyklische Datenverarbeitung programmieren will. Hier lassen sich die Elemente eines Feldes sehr einfach über den Index adressieren – eine Methode, die mit einfachen Variablennamen nicht funktioniert.*

Rudi R. *Der Anfänger sollte sich an dieser Stelle nur einprägen, daß die Indizes von Feldern normalerweise im Programm ab null gezählt werden und numerische Felder beim DIM mit den Feldwerten "null" vordefiniert werden, d. h., eine spätere Belegung mit Zahlenwerten überschreibt die Nullelemente. Ein DIM für Zeichenketten schafft nur die organisatori-*

schen Voraussetzungen (3 Bytes) für eine spätere variabel lange Belegung der so definierten Teilzeichenketten im Anwenderprogramm.

Mutter A. *Zu merken ist auch, daß mit DIM Speicherplätze reserviert werden, die ganz schnell die mögliche Größe überschreiten. Ein DIM A(99,99) würde schon den Speicher sprengen, denn 100 mal 100 mal 4 verlangt 40000 Bytes, es stehen aber laut Interpreterausschrift nur etwa 27 K für Programm und Daten zur Verfügung. Der Interpreter meldet in diesem Fall "Out of memory", und der Programmierer muß sich ein neues Programmkonzept ausdenken.*

`END`

Dieses Schlüsselwort beendet das Anwenderprogramm und übergibt die Computersteuerung an den Interpreter. Es sollte nur ein `END`-Statement im Programm auftauchen, und der Programmierer muß sein Programm so gestalten, daß dieses Statement in der Abarbeitung auch erreicht wird. Ausnahmen wie unser Bohrlochprogramm bestätigen diese Regel.

`FOR variable=wert1 TO wert2 (STEP wert3)`

Die zwischen `FOR` und einem Statement `NEXT` stehenden Statements werden so lange abgearbeitet, bis "variable" in diesem Zyklus den Wert "wert2" erreicht hat. Die *Schleifenvariable,* in der allgemeinen Beschreibung mit "variable" definiert, wird im FOR-Statement auf "wert1" gesetzt und so lange um "wert3" erhöht, bis "wert2" erreicht ist. Fehlen "wert3" und der Schlüsselwortteil "`STEP`", wird der Standardwert "1" für "wert3" angenommen.
"wert1", "wert2" und "wert3" können Konstanten oder Variablen sein. Dazu ein Beispiel, das in Bild 12 illustriert wird:

```
 1 LET S%=2
10 FOR I%=1 TO 10 STEP S%
20 ....
30 ....
40 ....
50 NEXT I%
```

Die Zeilen mit den Nummern `10, 20, 30` werden in diesem Zyklus 5mal abgearbeitet. Statements in ihnen können auf die Schleifenvariable "`I%`" Bezug nehmen. Diese Programmschleifen, die in allen Hochsprachen aufgebaut werden können, ermöglichen eine sehr elegante, variable Programmierung. Schleifenvariablen sollten möglichst als Integergrößen definiert werden, der mögliche Wertbereich für "integer" reicht in beinahe jedem Anwendungsfall aus.

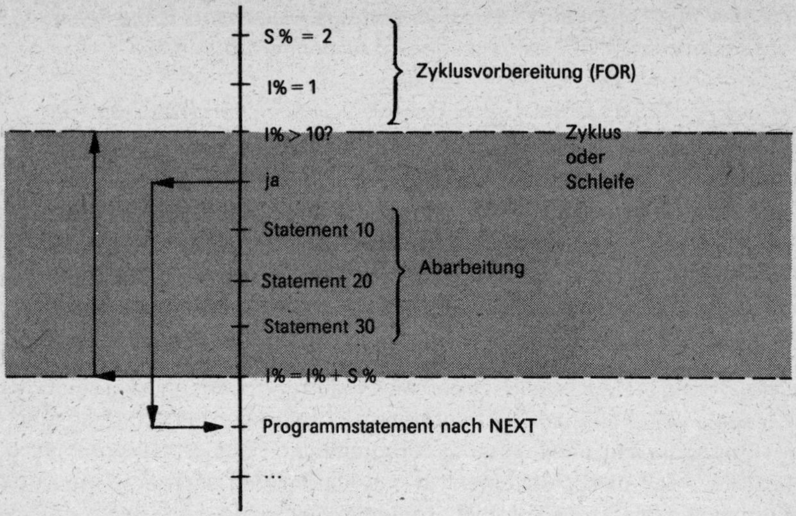

Bild 12 Arbeitsweise des FOR-Statements

Zu einem FOR-Statement gehört immer ein NEXT-Statement, dessen Zugehörigkeit dem Interpreter über die auch im NEXT angegebene Schleifenvariable mitgeteilt wird.

GOSUB zeilen-nr

Hiermit wird ein Unterprogramm, also ein Programmteil, aufgerufen, das mit "zeilen-nr" beginnt und mit einem RETURN-Statement beendet werden muß. Solche UP-Formen nennt man auch "interne UP". Echte externe UP sind vom aufrufenden Programm völlig unabhängig entstanden und müssen als Maschinencodes vor dem Interpreterstart im internen Speicher eingetragen sein. Ihre Benutzung wird hier nicht erklärt, sie ist unter Interpretersteuerung nicht ganz einfach.

Beispiel für eine GOSUB- Anwendung:

```
⋮
30 GOSUB 300
40 ...
⋮
80 GOSUB 300
90 ...
⋮
200 END
```

```
300 statement1          1. Statement des internen UP.
:
400 RETURN              Letztes Statement des UP
```

Unterprogramme sind Statementfolgen, die eine Teillösung liefern, die häufig im aufrufenden Programm benutzt werden soll. Hier ist es effektiv, eine solche Lösung nur einmal zu programmieren und mehrfach zu benutzen, also ein Unterprogramm zu schaffen. Wichtig ist, daß der Interpreter ein Statement erkennt, mit dem immer ein Rücksprung aus dem UP in das dem Aufruf folgende Statement des Hauptprogramms realisiert wird. Das ist das Statement `RETURN`. Im Beispiel würde so ein Rücksprung nach dem ersten UP-Aufruf zu Zeilen-Nr. 40, beim 2. Aufruf zu Zeilen-Nr. 90 erfolgen.

Eine Datenübergabe, z. B. die Übergabe eines Ausgangswertes für eine im UP programmierte Formel, erfolgt über Variablen. Sie besitzen dann im Hauptprogramm und im UP die gleiche Bedeutung und dürfen, wenn sie diese Bedeutung behalten sollen, nicht anders belegt werden.

Achtung! Hier wird schnell ein Fehler gemacht, denn im zeitlich später programmierten UP vergißt man leicht einmal, welche Variablennamen man schon vorher benutzt hat.

Standardlösungen, hauptsächlich mathematische, wie Wurzel, Sinus, Tangens usw., brauchen nicht mehr vom Anwender als UP entwickelt zu werden. Sie sind in einer Programmbibliothek des Interpreters enthalten und können im Ausdruck entsprechender Statements unter ihrem Namen aufgerufen und abgearbeitet werden. In dieser Form heißen die UP *"Funktionen"*, für die eine Datenübergabe in Form von in Klammern gesetzten Argumenten erfolgt.

Solche mathematischen Funktionen sind oft recht komplizierte UP. Wir können froh sein, daß sie schon als fertige Lösungen vorliegen. Früher mußten z. B. für ein UP zum Radizieren nach dem Gauß-Algorithmus viele Stunden oder Tage aufgewandt werden. In BASIC reicht heute die Wahl des Funktionsnamens SQR (square root), dessen Anwendung wir im "Bohrlochprogramm" demonstrierten (vgl. Listing 2 auf Seite 44).

Funktionen, die Zeichenketten bearbeiten, sind im SCP-BASIC in einer großen Vielfalt nutzbar. Für sie gilt fast ausnahmslos folgende Benutzungsregel:

numerischer wert = funktionsname(zeichenkette)
zeichenkette = funktionsname¤(zeichenkette) oder
funktionsname¤(numerischer wert)

Ein Funktionsname mit dem Zusatz "¤" liefert also generell auf der linken Seite des LET-Statements, in dem er eingesetzt wird, wieder eine Zeichen-

kette. Ein Beispiel dafür ist die Funktion MID¤ (zeichenkettenname,n,m), mit deren Hilfe "m" Elemente ab Position "n" aus der Zeichenkette oder Teilzeichenkette "zeichenkettenname" herausgelöst und der links vom Gleichheitszeichen angegebenen Zeichenkette oder Teilzeichenkette zugewiesen werden. Eine wichtige Zeichenkettenfunktion ist `LEN`(zeichenkette). Sie liefert die Anzahl der in "zeichenkette" belegten Bytes, die im Programmverlauf nicht immer bekannt ist, z. B. wenn diese Funktion in einem Unterprogramm des Anwenders benutzt wird.
Beispiele für die Benutzung von Zeichenkettenfunktionen finden wir u. a. im Programm zum Erzeugen der ASCII-Codetabelle des Fibelanhangs. Mehr soll hier zu dieser Form der Zeichenkettenverarbeitung nicht gesagt werden. Ihre Vielfalt muß der Programmierer der Fachliteratur entnehmen und ausprobieren.
Die für einen Interpreter gültigen Funktionsnamen findet man in der Regel in der Anwendungsbeschreibung.

```
GOTO zeilen-nr
```

realisiert einen Sprung zur im Statement angegebenen Zeilen-Nr. Die Abarbeitung des Programms wird dann an dieser Stelle fortgesetzt. `GOTO` nimmt somit Einfluß auf die logische Struktur eines Programms. Es sollte so sparsam wie möglich eingesetzt werden.

```
IF logischer ausdruck THEN statement: statement...(ELSE statement: ...)
```

Dieses Statement realisiert einen *bedingten Sprung* im Anwenderprogramm. Die Bedingung dafür wird in "logischer ausdruck" formuliert, der eine Folge von Variablen und/oder Konstanten sein kann, die durch *Operatoren* getrennt sind. Man unterscheidet

– Vergleichsoperatoren

=	gleich
<	kleiner
>	größer
<=	kleiner oder gleich
>=	größer oder gleich
<>	ungleich

– arithmetische Operatoren

+	addiere
–	subtrahiere
*	multipliziere
/	dividiere
∧	potenziere

– logische Operatoren
  AND und
  OR oder
  NOT nicht

Die Statements nach `THEN` werden abgearbeitet, wenn das Ergebnis des logischen Ausdrucks "wahr" ist.
Die Statements nach `ELSE` werden ausgeführt, wenn das Ergebnis der Auswertung des logischen Ausdrucks durch das `IF`-Statement selbst "falsch" ist. Der `ELSE`-Zweig kann fehlen.
Die auf eine Programmzeile, die ein Statement mit dem Schlüsselwort `IF` enthält, folgende Programmzeile wird immer nach der Abarbeitung des `THEN`- oder `ELSE`-Zweiges erreicht, vorausgesetzt, in diesen Zweigen befindet sich keine Sprunganweisung vom Typ `GOTO`. Die Folgeprogrammzeile entspricht dem `ELSE`-Zweig, wenn dieser nicht im `IF`-Statement angegeben ist.
Eine solche "Programmweiche" IF kann man sich am besten veranschaulichen, wenn man Bild 13 analysiert.
13(a) und 13(c) demonstrieren einfache `IF`-Verzweigungen, in denen der `ELSE`-Zweig nicht angegeben wurde.
13(b) zeigt ein einfaches komplettes `IF .. THEN .. ELSE`-Statement, nach dessen Abarbeitung (`THEN`- oder `ELSE`-Zweig) das Programm mit der auf `IF` folgenden Programmzeile fortgesetzt wird.
13(d) demonstriert eine kompliziertere Form von 13(b).
Ein Programmierer könnte Bild 13 um weitere Varianten erweitern. Er sollte aber immer die für sein Programm einfachste Variante einsetzen.

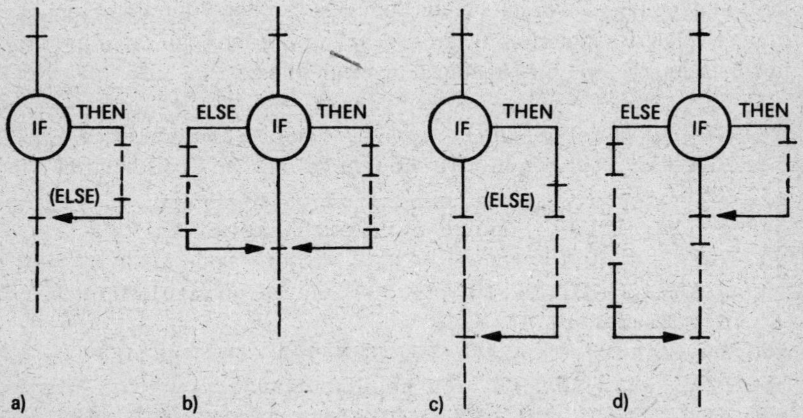

Bild 13 Darstellung des IF-Statements

Das IF- Statement kann in seinem THEN- oder ELSE- Zweig so viele Statements, getrennt durch Doppelpunkte, enthalten, wie in der maximal 255 Zeichen langen Programmzeile untergebracht werden können. Das bedeutet, ein Programmierer muß eventuell Platz sparen, und deshalb haben die Entwickler des Interpreters sicher folgende Möglichkeit zugelassen:
Ein unmittelbar auf die Teilschlüsselwörter THEN oder ELSE als folgend vorgesehenes GOTO kann verkürzt durch die Angabe der für dieses Statement vorgesehenen Zeilen-Nr. ohne das Schlüsselwort eingetragen werden. Besonders im THEN- Zweig tritt diese Konstruktion in vielen Programmen auf. Er wird in der Computerliteratur häufig auch als GOTO-Zweig bezeichnet. Vergleichen wir zu dieser Aussage Bild 13(c). Damit dieses Bild mit der vorangegangenen Erklärung übereinstimmt, müssen wir nur noch die hier im THEN- Zweig eingetragenen Querstriche, die mehrere Statements symbolisieren, bis auf einen, eben unsere Zeilen-Nr., in Gedanken reduzieren. Ein Vergleich mit dem Streckennetz eines Bahnhofs scheint hier angebracht, auch wenn er in einem Punkt hinkt – im Vergleich "logischer Ausdruck – Stellwerk". Im Stellwerk wird die Weichenstellung durch qualifizierte Menschen manuell vorgenommen, das IF- Statement erkennt anhand des logischen Ausdrucks die notwendige Weichenstellung, die zum THEN- oder ELSE- Gleis führt, automatisch. Eine solche automatische intelligente Zukunftsweiche auf einem Bahnhof müßte vergleichsweise aus der Zug-Nr. die notwendige Weichenstellung ableiten können.
Aber eines läßt sich noch aus diesem Vergleich ableiten: So wie der zur utopischen Superweiche anrollende Zug seine Identifikationsinformation mitbringen muß, so müssen im vor dem IF stehenden Programmabschnitt die Variablen des logischen Ausdrucks belegt worden sein. Dafür ein kleines Beispiel, das wir zur Nachnutzung empfehlen:

```
500 REM-----------------------------------------
510 REM UP zum Umwandeln von in einer Zeichenkette FLN¤
520 REM eingetragenen Kleinbuchstaben in Großbuchstaben
530 REM-----------------------------------------
540 L=LEN(FLN¤)    Länge der Zeichenkette in "L"
550 FOR I=1 TO L
560 AZAL=ASC(MID¤ (FLN¤ ,I,1))   AZAL=numerischer Wert
    des Elementes"I"
570 IF AZAL<97 OR AZAL>122 THEN 590  TEST auf KB
580 AZAL=AZAL AND 95   KB in GB umwandeln
590 MID¤ (FLN¤ ,I,1)=CHR¤ (AZAL)   Element "I" wieder
    in Zeichenkette
```

```
600 NEXT
610 RETURN
```

Eine solche Zeichenumwandlung in einer Zeichenkette ist recht sinnvoll, wenn sie im Programmablauf durch Eingaben von der Tastatur belegt wird. Hier könnten irrtümlich Kleinbuchstaben eingegeben werden, die später zu Fehlsteuerungen führen können oder IF- Statements unnötig komplizieren. Jetzt erzeugt ein GOSUB 500 nach einer Eingabe generell Großbuchstaben in der Zeichenkette, die im Beispiel FLN¤ genannt wurde.

Der logische Ausdruck in Zeile 570 untersucht ein Byte AZAL, das zuvor aus der Zeichenkette herausgelöst sein mußte, daraufhin, ob es sich um einen Kleinbuchstaben handelt. Dieser Ausdruck ist für einen Anfänger doch schon recht kompliziert; er ist leichter zu verstehen, wenn die ASCII-Codetabelle des Fibelanhangs für die folgenden Erklärungen zu Hilfe genommen wird.

Zwischen den dezimalen Wertangaben 97 und 122 liegen alle Kleinbuchstaben des ASCII-Codes; nur diese sollen mit dem Statement in Zeile 580 manipuliert werden, nachdem sie vorher aus der Zeichenkette herausgelöst und als numerischer Wert in die Variable AZAL übertragen worden sind.

Auf Statements, wie in Zeile 580, wird im weiteren Fibeltext nicht mehr eingegangen, da Bytemanipulation in den Bereich der fortgeschrittenen Programmierung gehört.

Um solche Statements zu verstehen, müssen wir uns mit der Wirkungsweise des im Beispiel auftretenden logischen Operators AND vertraut machen. Während wir ihn und seine Artgenossen (z. B. OR) im logischen Ausdruck eines IF- Statements wie im menschlichen Sprachgebrauch als "und" und "oder" benutzen, muß man die Wirkung bei Statements der Art "580" sehr genau kennen, denn hier sollen Bytes bitweise verändert werden.

Wenn wir z. B. ein "a" in ein "A" umwandeln wollen, müssen wir uns in der ASCII-Codetabelle den Binärcode von "a" ansehen.

Wir stellen fest, wenn wir dem Binärcode von "a" Bit 5 wegnehmen, wird er zum Binärcode von "A".

Das kann man z. B. mit dem AND-Operator bewerkstelligen, für den folgende Wirkungsweise gilt:

0 AND 0 = 0	falsch AND falsch = falsch
1 AND 0 = 0	wahr AND falsch = falsch
0 AND 1 = 0	falsch AND wahr = falsch
1 AND 1 = 1	wahr AND wahr = wahr

Solche Wahrheitstabellen findet man in der Fachliteratur für Hard- und Software auch für die anderen logischen Operatoren. In unserem Beispiel würde in Statement "580" bei dem Wert "a" folgendes ablaufen:

```
    01100001  (61hex = a)
AND 01011111  (5Fhex = 95dez)
    01000001  (41hex = A)
```

Jetzt darf jeder für sich mit anderen Buchstaben experimentieren, natürlich immer mit Hilfe der ASCII-Codetabelle (Anhang). Logische Statements sind immer komplizierter als einfache arithmetische Statements. Wir wollen versuchen, die bestimmt noch nicht klaren Verhältnisse im IF-Statement anhand eines allgemeinen Beispiels zu klären.

Ein junger Mann sei mit einem ebenso jungen Mädchen verabredet und habe sich folgendes "Programm" für dieses bedeutende Ereignis zurechtgelegt:

1. Wenn die Sonne scheint und Eva ihre Badesachen mitbringt, gehen wir baden.
2. Wenn die Sonne scheint, Eva aber ohne Badesachen kommt, gehen wir spazieren und anschließend in unser Gartenlokal.
3. Wenn die Sonne nicht scheint, gehen wir ohne Zögern ins Gartenlokal.
4. Wenn es aber regnet, gehen wir in ein Kino.
5. Anschließend: .....

Aus diesem "5-Punkte-Programm" ließe sich nun folgendes BASIC-Pseudoprogramm (Pseudo-, weil darin für BASIC unbekannte Formulierungen benutzt werden sollen) entwickeln:

```
10 IF sonne AND eva   = bikini THEN 90
20 IF sonne AND eva  <>bikini THEN 50
30 IF regen THEN kino ELSE GOTO 70
40 GOTO 100
50 spazieren
70 gartenlokal
80 GOTO 100
90 baden
100 .....
```

Mutter A. *Ich glaube, im Pseudoprogramm ist ein Fehler. Für Punkt 3. des Programms ist kein Pseudostatement formuliert. Wo ist das äquivalente Statement zu "Wenn die Sonne nicht scheint ..."?*

Alfons Das haben wir eingespart. Es ergibt sich aus der Logik des Pseudoprogramms. Wenn die Sonne nicht scheint, wird der ELSE-Zweig des IF-Statements in Zeile 30 aktiv. In Punkt 4. der Aufgabenstellung wurde die "Regenaktion" formuliert, es regnet aber nicht, also folgt hier der Sprung ins Gartenlokal, die Aktion für Punkt 3.
Nach Abarbeitung der Zeile 20 im Pseudoprogramm, in der ja auch der "Wahr-Zweig" durchlaufen sein konnte, muß allerdings in der Folgezeile ein Sprung erfolgen, der der Abarbeitung von Punkt 5. der Aufgabenstellung des Jungverliebten entspricht und den wir diskret mit "....." formuliert haben.

Mutter A. Gut. Mein Programmentwurf ist anders. Er wäre wohl ebenfalls richtig auf einem Computer gelaufen, und mehr Zeilen habe ich auch nicht benötigt.

Vater A. Den Beweis für die Richtigkeit unserer Behauptungen würde nun der Test am Computer liefern. Unsere Pseudoprogramme können wir leider nur gedanklich testen. Ein Programmierer macht in der Regel auch einen solchen "Trockentest", bevor er an den Computer geht.

Die Programme der Programmierer sind individuelle Lösungen. Zu einer Aufgabenstellung gibt es theoretisch immer eine Vielzahl von Lösungen. Oft weiß der Programmierer schon am Ende seiner Arbeit, wie es besser gewesen wäre – noch dazu, wenn der Programmtest viele Änderungen verlangt hat.
Ein Programm ist ein Produkt, das mit Qualitätsmerkmalen versehen werden kann. Sie stellen hier ein Optimum dar von
- Laufsicherheit,
- Bedienkomfort,
- Qualität der Ergebnisse,
- Abarbeitungsgeschwindigkeit und
- anwendungsspezifischen Parametern.

Wir fassen diese Qualitätsmerkmale unter dem Begriff Anwenderfreundlichkeit zusammen.

Rudi R. Mit eurer Diskussion habt ihr ein grundlegendes Problem der Programmierung berührt: das Sortieren von Anwenderdaten innerhalb einer Programmabarbeitung. Hier haben Programmierer tolle Algorithmen geschaffen, die vorwiegend aus logischen Entscheidungen bestehen und deren wichtigstes Qualitätsmerkmal die Geschwindigkeit ist. In der Regel werden solche superschnellen Sortierprogramme in einer Assemblerspra-

che entwickelt und können von einer Hochsprache benutzt oder in Programmiersysteme, also in die schon erwähnten Superhochsprachen, eingebunden werden.
Die schnellste Lösung ist hier die beste – dem Anwender ist es nämlich nicht gleichgültig, ob er eine Sekunde oder einige Minuten auf den Computer warten muß. Er verlangt, daß der Computer auf ihn wartet.

Die amourösen fünf Sachverhalte müssen als Programm, also in der abstrakten Logik eines Algorithmus, schon in der doppelten Anzahl von Statements formuliert werden. So entstehen die später "intelligent erscheinenden" Programme, aber diese logischen Statements machen unsere Programme kompliziert. Auch der Test dieser Programme gestaltet sich kompliziert, und die Anzahl der Programmierfehler steigt in der Regel mit der Kompliziertheit des Programms. Unser Textprozessor `TP`, über den wir am Anfang geschrieben haben, ist z. B. ein solches Programm.

Weitere Beispiele zum `IF`-Statement:

`IF A=B+C∧2 THEN 30` bedeutet, "wenn A = $B+C^2$ ist, springe zu Zeilen-Nr. 30, wenn der Wert von $B+C^2$ ungleich dem Wert von A ist, ignoriere den `THEN`-Zweig und setze das Programm mit der auf `IF` folgenden Zeile fort".

Ein Feld soll, abhängig vom im Programm berechneten Index (Elementadresse), elementweise gelesen werden. Dabei soll geprüft werden, ob der Index innerhalb des dimensionierten Feldes liegt – ein Auswahlproblem, das in der Praxis vorkommen kann. Man möchte z. B. von einer Funktion nur Werte aus einem bestimmten Bereich verarbeiten und die außerhalb dieses Bereiches liegenden Streuwerte nur nachweisen. Werden im Programm Feldadressen benutzt, die außerhalb des dimensionierten Bereiches liegen, stoppt der Interpreter zwar die Programmabarbeitung, würde aber ein für uns unerwünschtes Ergebnis liefern, denn wir wollten ja keinen Programmabbruch, sondern die Streuwerte registrieren und weiterarbeiten. Der nächste berechnete Index könnte wieder im Feld liegen.
Folgendes Programmfragment soll die notwendige IF-Konstruktion zu diesem Problem vorstellen:

```
DIM A(100)
:
IF I%> = 0
AND I%<101
THEN X=A(I%)
```

Die Variable "X" wird nur mit einem Element des Feldes A belegt, wenn die im Programm berechnete Elementadresse innerhalb des Feldes

```
ELSE PRINT
"STREUWERT:",I%
:
```

liegt. Wenn nicht, wird der ELSE- Zweig aktiv, der im ersten Fall übergangen worden wäre. Danach wird das Programm fortgesetzt.

Es können auch kompliziertere logische Ausdrücke programmiert werden, doch wenn es möglich ist, sollte man es vermeiden. Jeder zusammengesetzte logische Ausdruck läßt sich durch mehrere aufeinanderfolgende IF-Statements programmieren, aber auch das ist schwierig. Der Programmierer hat die Qual der Wahl.

A=B+C/D OR A=X∧2 AND B=X OR C< >D ist z. B. ein möglicher gültiger logischer Ausdruck, bestehend aus 4 durch logische Operatoren getrennten Elementen. Auch er liefert, abhängig vom Wert der verwendeten Variablen, das Ergebnis "wahr" oder "nicht wahr" und würde damit den THEN- oder ELSE-Zweig des Programms aktivieren. Und, wiederholen wir es noch einmal: Fehlt das ELSE-Statement, ist der ELSE-Zweig identisch mit dem auf IF folgenden Programmstatement.

Beim IF-Statement kann die schon erwähnte Möglichkeit, in einer Programmzeile mehrere Statements zu haben, getrennt durch Doppelpunkte, sinnvoll angewendet werden, denn oft reicht ein Statement nicht aus, um den THEN- oder ELSE-Zweig zu realisieren. Dafür ein allgemein formuliertes Beispiel, in dem die Funktionstaste der Tastatur, die den ASCII-Code "LF" (= Linefeed = Zeilenvorschub) erzeugt, benutzt werden muß. Sie erzeugt die im Beispiel dargestellte Übersichtlichkeit:

```
100 IF..... THEN statement1: statement2:
                 statement3:
                 statement4
110.....
```

Zu beachten ist hier allerdings, daß der Code "LF" und die in den Folgezeilen enthaltenen Leerzeichen bzw. Tabulatorzwischenräume, die den ASCII-Code "HT" besitzen, von der Maximallänge 255 abgezogen werden müssen. Wird der Platz knapp, muß man folglich auf Schönheit im Listing verzichten. Wir weisen abschließend noch einmal darauf hin: Ein guter Programmierer verzichtet soweit wie möglich auf komplizierte Konstruktionen in seinem Programm. Eine klare und übersichtliche Programmstruktur ist ein äußeres Kennzeichen für Qualität.

INPUT (zeichenkette,) liste

Das Statement realisiert eine Dateneingabe von der Console auf die in "liste" angegebenen Speicherplätze. "liste" sind durch Komma getrennte Variablennamen; die dazugehörenden Eingabewerte sind ebenfalls durch Komma getrennt einzutippen.

Die wahlweise angebbare "zeichenkette" erscheint als Eingabeaufforde-

rung wie das uns schon bekannte PROMPT auf dem Monitor. Fehlt sie, wird ein Standard-PROMPT "?" ausgegeben. Es ist aber sinnvoll, hier die einzugebenden Werte und eventuell sogar noch ihren Wertbereich anzugeben, um einen sauberen Mensch-Computer-Dialog zu erzeugen, wie es im Bohrlochprogramm als Beispiel realisiert wurde. Wird anstelle der Kommas im Statement ein Semikolon eingetragen, werden die folgenden Eingabewerte in der nächsten Zeile des Monitors erwartet, d. h., der Cursor wird auf diese Position gesetzt.
Die Dateneingabe durch den Anwender ist immer mit der "Eingabeendetaste" abzuschließen. ENTER (oder wie die Taste für den konkreten Computer bezeichnet sein mag) beendet also die Abarbeitung des INPUT-Statements und setzt den Cursor auf den Anfang der nächsten Bildschirmzeile.

`(LET) variable = ausdruck`

Hier haben wir nun das Statement, mit dem wir den Computer zum Arbeiten zwingen. Wir können bei diesem Statement sogar das Schlüsselwort weglassen; die Konstruktion "variable = ausdruck" ist für den Interpreter eindeutig.
"variable" ist ein im Anwenderprogramm gültiger Variablenname, der entweder vorher im Programm oder mit dem LET-Statement selbst definiert wurde. Auf diesen Speicherplatz oder Speicherbereich wird der Wert von "ausdruck" übertragen.
Das Gleichheitszeichen hat hier folglich die Bedeutung eines *Zuweisungsoperators.* Anders als im `IF`-Statement erzeugt es hier die Zuweisung: "Linke Seite←rechte Seite", und das ist wieder in allen Hochsprachen gleich.
Bei dieser Zuweisung wird, wenn nötig, auch noch die Umwandlung des Datentyps des Wertes der rechten Seite vorgenommen. Ist z. B. der Wert der rechten Seite vom Typ "real" und die Variable der linken Seite vom Typ "integer", wird das Ergebnis der Ausführung des `LET`-Statements "integer", d. h., die Kommastellen einer reellen Zahl werden abgeschnitten. Das ist ein Trick, den ein Programmierer recht gut benutzen kann.

Vater A. *Der Zuweisungsoperator hat mir auf den Computerlehrgängen erst einmal Schwierigkeiten bereitet. Immer wieder habe ich mich dabei erwischt, daß ich ihn wie in der menschlich-mathematischen Umwelt benutzt habe, wo man in einer Gleichung die linke mit der rechten Seite vertauschen kann. Die Eselsbrücke "Waage", die immer im Gleichgewicht sein muß, taugt für die Computerwelt nicht. Für den Computer verwende ich eine andere Eselsbrücke: Ich vergleiche die linke und die*

rechte Seite eines LET-Statements mit zwei Kästchen. Zuerst füllt der BASIC-Interpreter das rechte Kästchen mit dem Wert des Ausdrucks, der rechts vom Zuweisungsoperator "=" steht. Dieses Kästchen ist immer groß genug, um einen beliebigen gültigen Ausdruck aufzunehmen. Der Interpreter hat dafür einen ausreichend großen Speicherbereich frei gehalten.
Mit dem Zuweisungsoperator wird dann der Inhalt des rechten Kästchens in das linke übertragen. Das linke Kästchen ist durch die auf der linken Seite vom "=" stehende Variable entsprechend ihrem Typ dimensioniert. Es befindet sich also im Speicher auf der symbolischen Adresse "Variablenname" und muß groß genug sein, um den Inhalt des rechten Kästchens aufnehmen zu können. Ist es zu klein, geht ein Teil des rechten Kästcheninhaltes verloren, oder der Interpreter meldet einen Fehler, je nachdem, ob er in der Lage ist, sich selbst zu helfen oder nicht.

"ausdruck", wir behandeln hier erst einmal den arithmetischen, ist eine Folge von Konstanten und/oder Variablen, die durch arithmetische Operatoren getrennt sind, die wir schon aus der Beschreibung des `IF`-Statements kennen. Der Ausdruck in einem `LET`-Statement kann auch nur aus einer Konstanten oder einer Variablen bestehen. Dazu die folgenden Beispiele:

```
10 LET A=5.25           'Der Wert von "A" wird 5,25.
20 LET B%=A             'Der Wert von B% wird 5.
30 B%=B%+1              'B%=6. Eine solche Konstruktion wird Incre-
                        mentieren genannt. Ihr steht das
40 B%=B%-1              'Decrementieren gegenüber.
50 C=A*B-1+SQR(A)       'C=27,541287. SQR bedeutet "Wurzel von
                        A".
```

Ausdrücke werden wie in der Mathematik nach folgenden Regeln abgearbeitet:

- Die Auflösung des Ausdrucks erfolgt von links nach rechts.
- Klammerausdrücke werden, wenn sie in der Abarbeitungsfolge an der Reihe sind, geschlossen aufgelöst.
- Funktionen werden wie ein Element des Ausdrucks behandelt.
  Sie sind UP des Interpreters, z. B. SQR = Quadratwurzel von, LOG = Logarithmus von, SIN = Sinus von einem Eingabewert (Argument), der eine Konstante, Variable oder selbst ein Ausdruck sein kann.
- Die Reihenfolge der Auflösung wird nach dem altbekannten Motto: "Punktrechnung geht vor Strichrechnung" mathematisch exakt verändert, und zwar mit sinkender Priorität nach Potenzieren, Multiplizieren/Dividieren, Addieren/Subtrahieren.

Nur wenn im Ausdruck gleichrangige Operatoren auftreten, wird also "ohne Extrawurst" von links nach rechts aufgelöst.

Für den BASIC-Anfänger erst einmal nicht so interessant, aber sehr wichtig bei späteren "unerklärlichen" Fehlern, ist folgende Eigenart des Interpreters:

Ein Potenzieren von doppeltgenauen Werten wird immer nur mit einfachgenauen Zahlen ausgeführt. Es gehen also Ziffern verloren, wenn man eine Potenz mit doppeltgenauen Zahlen programmiert hat, was zu erschreckenden Ergebnissen führen kann. Zum Beispiel liefert folgende Rechnung, die das Ergebnis "−1" liefern muß, die exotische Zahl −12851931710.5, wenn man den Potenzoperator wie folgt eingesetzt hat:

```
10081#∧4−2#*10081#∧2−1.96#*8520#∧4
```

Das richtige Ergebnis erreicht man nur durch ein Umgehen der Potenzrechnung mit:

```
10081#*10081#*10081#*10081# -2#*10081#*10081#
−1.96#*8520#*8520#*8520#*8520#
```

Auch bei der Benutzung mathematischer Funktionen des Interpreters kann dieser Mangel auftreten, da in ihnen oft der Potenzoperator benutzt wird.

Vorsicht ist auch geboten, wenn man in einem arithmetischen Ausdruck Variablen und Konstanten verschiedenen Typs einsetzt (mixed mode arithmetic) oder diesen Ausdruck in mehrere LET-Statements aufteilt. Der Grund dafür ist das automatische Runden bei Verknüpfungen und Zuweisungen in arithmetischen Ausdrücken. Man sollte sich hier an die maximalen Ziffernanzahlen erinnern, die in den verschiedenen Typen der Variablen untergebracht werden können. So liefert z. B. folgendes Programm das falsche Ergebnis "0":

```
10 A=5555555555
20 B=5555555551
30 PRINT A−B
```

Das richtige Ergebnis "4" wird erreicht, wenn A und B als doppeltgenaue Realvariablen im Programm definiert werden, also

```
10 A#=5555555555#
20 B#=5555555551#
30 PRINT A#−B#
```

Wird dieses Programm so verändert, daß mit 21 C=A#−B# eine Zeile eingefügt wird und nach der Überschreibung 30 PRINT C das Ergebnis gedruckt wird, dann vermutet der aufmerksame Fibelleser vielleicht:

Auch dieses Ergebnis wird falsch. Dem ist aber nicht so, denn – erinnern Sie sich an die Kästchen von Vater Alfons – rechts in Zeile 21 ist ausreichend Platz, um das Ergebnis "4" einzutragen, und dieser Wert paßt mühelos in das links vom Zuweisungsoperator stehende "Kästchen". Falsch würde es nur, wenn das errechnete Ergebnis auf der rechten Seite des Zuweisungsoperators in Zeile 21 größer als siebenstellig wird und daher nicht mehr im linken Kästchen untergebracht werden kann.
Zeile 21 hat demnach die üble Eigenschaft, daß sie nicht in jedem Fall funktioniert. Wird dieses Programm nun mit Zahlen getestet, bei denen der Fehlerfall nicht auftritt, wird es als richtig abgeheftet und läuft später irgendwann bei einer Routineanwendung falsch.
Anders ist es bei folgendem Experiment:
Trennen wir den bei der letzten EDV-Meise beschriebenen richtigen Bandwurmausdruck in 3 Statements auf, etwa so:

```
A#=10081#*10081#*10081#*10081#
B#=10081#*10081#
C#=8520#*8520#*8520#*8520#
```

und drucken mit `PRINT A#-2#*B#-1.96#*C#`, erhalten wir ein nur annähernd richtiges Ergebnis von –0.75. Irgendwo ist der Wert –0.25 verlorengegangen.
Begehen wir nun gar noch den Fehler, daß wir im Ausdruck des PRINT-Statements das Doppelkreuz hinter dem Wert 1.96 vergessen, dann wird uns ein Ergebnis von –201010368.25 präsentiert!
Und nun stellen Sie sich vor, solche Ergebnisse werden nicht sofort gedruckt, sondern sind in einem ellenlangen Programm nur Ausgangswerte für weitere Berechnungen – dann aber fröhliche Fehlersuche! Sie werden hier nur durch abschnittsweises Heranpirschen an die Fehlerstelle ("RUN zeilennr." und "STOP") diese schwache Stelle im Programm finden und sich vielleicht dankbar an die weitschweifigen Erklärungen dieses Fibelabschnitts erinnern.
Ein Definieren von Zeichenketten kann ebenfalls mit dem LET-Statement realisiert werden.
Beispiel:

```
60 LET A¤="BELEGEN EINER ZEICHENKETTENVARIABLEN"
```

36 Bytes der Zeichenkettenvariablen A¤ werden so mit Daten belegt. Natürlich kann eine solche Variable, in einem arithmetischen Ausdruck eingesetzt, nur Unheil anrichten. Deshalb stoppt der Interpreter bei diesem Irrtum des Programmierers. Er meldet: Type mismatch.

Mit Zeichenketten kann man auch eine Quasiarithmetik betreiben.

```
B¤= "Rechenknecht"
A¤= "Rudi " + B¤
PRINT A¤
```

schreibt diesen hübschen Namen mit Vor- und Zunamen auf den Monitor. Zwei Zeichenketten wurden hier mit "+" zusammengefügt. Einzelne Zeichen einer Zeichenkette kann man nur mit Hilfe der dafür zuständigen Zeichenkettenfunktionen aus der Zeichenkette herauslösen bzw. in sie einfügen oder überschreiben. Als Beispiel für solche Selektieroperationen möge das Unterprogramm zum Umwandeln von Klein- und Großbuchstaben gelten, das beim IF-Statement vorgestellt wurde.

Ein häufiger Fehler ist das irrtümliche Überschreiben von Speicherplätzen. Solche Überspeicherungen führen zu den ungewöhnlichsten Programmreaktionen. Sie werden oft erst nach tagelanger Fehlersuche entdeckt.

Selbstverständlich funktioniert dieses Überschreiben auch bei den Zahlenfeldern, den Vektoren und Matrizen.

```
70 DIM A(100)
80 A(75)=1.25E16
```

bewirkt, daß das 76. Element des Vektors "A" mit dem Wert 12500000000000000,0 belegt wird, auch wenn schon vorher auf diesem Platz ein anderer Wert abgespeichert war.
Mit einem LET-Statement können wir einer Variablen auch den Wert eines logischen Ausdrucks zuweisen, der vom Interpreter an der Benutzung logischer Operatoren erkannt wird. Vergleichen Sie dazu bitte ebenfalls das Programmbeispiel "Umwandeln von Kleinbuchstaben in Großbuchstaben".

NEXT schleifenvariable

Bekanntlich ist dieses Statement Partner des FOR-Statements. Es begrenzt die durch FOR initialisierte Schleife. Die Schleifenvariable wurde in FOR mit "wert1" auf einen Anfangswert gesetzt, und über ihren Namen wird für den Interpreter die Verbindung zwischen FOR und NEXT eindeutig. Das ist notwendig, denn Schleifen können auch verschachtelt in Programmen programmiert werden. In Bild 14 wird eine Verschachtelung von 2 Schleifen grafisch dargestellt.
Die innere Schleife wird innerhalb der äußeren (gekennzeichnet mit der Schleifenvariablen I%) so oft, wie dort durch "wert2" und "wert3" gefordert, abgearbeitet. Das bedeutet konkret:

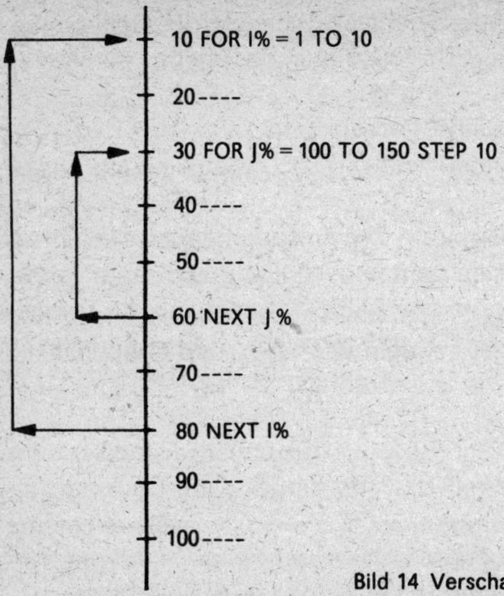

Bild 14 Verschachtelung von Schleifen

- Zeile 20 und Zeile 70 werden zehnmal abgearbeitet;
- Zeile 40 und Zeile 50 werden innerhalb ihrer inneren Schleife fünfmal und durch die zehnmalige Abarbeitung der inneren Schleife insgesamt 50mal abgearbeitet.

Solche Verschachtelungen treten oft in Programmen auf, da mit ihnen manche Problemstellungen programmtechnisch erst lösbar werden.

`PRINT (liste)`

Durch sie wird eine Datenausgabe auf den Monitor ermöglicht. Die auszugebenden Daten werden in "liste" angegeben, und zwar ähnlich wie im `INPUT`-Statement.

"liste" kann Konstanten, Variablen und Ausdrücke als Listenelemente enthalten. Listenelemente werden durch die Sonderzeichen "," und ";" getrennt. Dabei ist zu beachten:

Das Komma (,) trennt Listenelemente, die in der Ausgabezeile auf dem Bildschirm nicht zusammenhängend dargestellt werden sollen. In diesem Fall erzeugt der Interpreter Zeilenfelder von maximal 27 Zeichen, abhängig vom Typ der auszugebenden Größe. Enthält "liste" mehr Elemente, wird die Ausgabe in Folgezeilen so lange fortgesetzt, bis die gesamte Liste ausgegeben ist.

Listenelemente werden linksbündig in die Zeilenfelder eingetragen. Für numerische Listenelemente, die der Interpreter aus dem Konstantentyp,

dem Variablennamen oder dem Wert eines als Listenelement eingetragenen Ausdrucks erkennt, wird das erste linksstehende Zeichen als Vorzeichen interpretiert. Es gilt:
ein Leerzeichen steht für ein positives Vorzeichen;
"–" wird, wie üblich, für einen negativen Wert des Listenelements ausgegeben.
Zahlenwerte, die sich nicht mit der ihrem Typ entsprechenden Stellenzahl darstellen lassen – für reelle Zahlen geht ja auch noch der Dezimalpunkt von dieser Größe ab –, werden in der BASIC-Exponentialschreibweise dargestellt. Der Buchstabe "E" oder "D" tritt also auch in diesen Ausgaben auf.

Das Semikolon (;) realisiert die Ausgabe des folgenden Listenelements unmittelbar an das vorher auf dem Bildschirm dargestellte. Der Interpreter arbeitet mit Fortsetzungszeilen, wenn die Werte der Listenelemente nicht in einer Zeile eingetragen werden können, wobei sich in dieser Version wesentlich mehr Listenelemente in einer Zeile darstellen lassen.

Eine fehlende Liste im `PRINT`-Statement erzeugt einen Zeilenvorschub. Diese Möglichkeit benutzt der Programmierer gern für seine Bildschirm-Bildgestaltung.
Es erscheint sinnvoll, an dieser Stelle nochmals an die Hardware zu erinnern. Die Listenelemente sind letztlich Binärgrößen, die vom Interpreter auf Speicherplätzen verwaltet werden.
Die Abarbeitung eines Print-Statements ist jetzt für den Interpreter ein kompliziertes Programmstück, denn hier müssen blitzschnell sämtliche Umwandlungen in die für Menschen verständliche Darstellung erfolgen und dem Console-Treiberprogramm übergeben werden. Das Interpreterprogrammstück "PRINT" beinhaltet mit Sicherheit mehr als 100 Maschinencodebefehle!
Ausgaben auf einen Drucker werden mit speziell modifizierten `LPRINT`-Statements realisiert, die eine gleiche Funktionsweise wie `PRINT` besitzen. `LPRINT` wurde bewußt in der Aufzählung der Schlüsselworte am Anfang dieses Abschnitts weggelassen. Bei seiner Benutzung muß man nur beachten, daß der Drucker eingeschaltet ist und ausreichend breites Papier eingelegt wurde. Der Druckertreiber bildet nämlich nicht automatisch 80-Zeichen-Zeilen, und einige Steuercodes, die der Consoletreiber verarbeitet, wirken hier nicht. Ein Beispiel:

```
10 PRINT
20 LET A=1
30 B=2.8
```

```
40 LET C%=3.75                    '(Kommastellen verschwinden)
50 PRINT A,B;C%;15.0,A*B+2,"HALLO","ZEILE 2",10
```

erzeugt folgendes Druckbild:

```
Zeile 1:
Zeile 2: 1          2.8 3 15.0          4.8          HALLO
Zeile 3: ZEILE 2          10
```

Endet eine Liste mit "," oder ";", wird durch das irgendwann im Programm folgende PRINT-Statement in der gleichen Bildschirmzeile weitergeschrieben, natürlich entsprechend den Festlegungen für "," und ";". Auch dafür ein Beispiel:

```
10 PRINT "ABC";
20 PRINT"DEF";"g"
```

liefert das Zeilenbild: "ABCDEFg".

Die Komplexität solcher Statements wie PRINT und INPUT gestatten es, "Dreizeiler" zu programmieren, die schon allerhand leisten können. Dafür ein Beispielprogramm zur Berechnung von Kreisflächen:

```
10 INPUT "BERECHNEN VON KREISFLAECHEN,GIB RADIUS EIN: " ,R
20 PRINT "KREISFLAECHE = ";3.1415926*R^2
30 END
```

Nachdem dieses Miniprogramm eingegeben ist, könnte man es z. B. mit dem Radius von 27,15 bedienen. Die Eingabewerte sind im folgenden Simulationsbeispiel unterstrichen.

```
RUN
BERECHNEN VON KREISFLAECHEN,GIB RADIUS EIN: 27.15
KREISFLAECHE = 2315.74
OK
```

BASIC ist bei solch kleinen und auch bei umfangreicheren Aufgaben sehr schnell; zwischen RUN und OK benötigt der Computer eine praktisch nicht meßbare Zeit.

Und noch einmal der Hinweis: Jede Eingabe wurde mit der Eingabeendetaste "abgeschickt". Erst nach Betätigung dieser Taste könnten wir die Zeitmessung ansetzen, im Beispiel also nicht, wie es global gesagt wurde, "zwischen RUN und OK", sondern zwischen Übergabe des Radiuswertes und OK.

REM (text)

REM (text) ist ein sehr einfaches Statement, welches auf die Programmabarbeitung keinerlei Einfluß hat, egal an welcher Stelle im Programm es auftaucht. "text" ist eine frei wählbare Zeichenfolge, die lediglich der Programmdokumentation dient, speziell der Dokumentation von bedeutenden Abschnitten im Programm. Der Programmierer erspart sich auf diese Weise eine besondere Beschreibung der Programmliste, er sollte sich aber daran erinnern, daß Kommentare Speicherplatz belegen. Wo sollte der Interpreter bei Empfang eines `LIST`-Kommandos sonst diese Kommentare im Programmlisting herholen?

`RETURN`

Statements mit diesem Schlüsselwort beenden generell ein UP. `RETURN` realisiert eine Fortsetzung des Hauptprogramms mit der auf `GOSUB` folgenden Zeile. Vergleichen Sie noch einmal das Beispiel unter `GOSUB` mit dieser Aussage.

Die CPU des Computers verwendet bei diesen `GOSUB/RETURN`-Konstruktionen eine einfache, sehr effektive Technik: das Kellern der Rücksprungadresse. Bei der Ausführung von `GOSUB` wird die Adresse des nächsten Maschinenbefehls der Folge, die vom Interpreter für die auf `GOSUB` folgende Zeile erzeugt wird, in einen Speicherbereich eingetragen, der durch spezielle Hardware besonders schnell verwaltet wird. Man spricht vom *Kellerspeicher* oder *Stack*. Auf diesen Stack bezieht sich nun das `RETURN`-Statement.

`GOSUB` und `RETURN` sind also spezielle Sprungbefehle, und wir können uns gut ausrechnen, was passiert, wenn wir diese Befehle nicht logisch richtig einsetzen. Unser Programm wird in der Regel anfangen, Unsinn zu produzieren. Mit den Möglichkeiten für einen Programmtest, die der Interpreter uns liefert, kommen wir auch einmal dahinter. Erleichtert wird diese kriminalistische Tätigkeit aber sehr, wenn wir uns ungefähr vorstellen können, was in unserem Computer vor sich geht.

`STOP`

Dieses Statement bewirkt ein sofortiges Beenden des Programms an der Stelle seines Auftretens im Anwenderprogramm. Da es sich hier nicht um ein gewöhnliches Programmende handelt, meldet der Interpreter, bevor er die Steuerung übernimmt: `"Break at n"`, wobei `"n"` die zum STOP-Statement gehörende Zeichen-Nr. ist.

Mit diesem Statement kann man ein Programm sehr gut abschnittsweise testen. Stellen wir uns vor, wir haben tatsächlich ein `RETURN` in unserem Programm vergessen. Der Computer "flippt total aus", und wir wissen zunächst nicht, woran das liegt. Nun müssen wir in den vielleicht 1000 Statements unseres Programms nach dem Fehler suchen, also nach der berühmten Stecknadel im Heuhaufen. Hier können wir uns nur mit dem

abschnittsweisen „Heranpirschen" helfen, indem wir das STOP-Statement je Test immer weiter in Richtung Programmende schieben und die Reaktion des Computers beobachten. Wird so die Fehlerstelle überschritten, kommt die geplante STOP-Reaktion nicht mehr; der Fehler muß sich also in diesem Abschnitt verbergen. Wir haben jetzt den fehlerhaften Bereich eingeengt, aber manchmal dauert es noch sehr lange, bis der Fehler entdeckt wird.
Schreibfaule benutzen das STOP-Statement ebenfalls gern. Sie können so bestimmte Verhaltensweisen eines Programms signalisieren, ohne das PRINT-Statement zu benutzen. "Break at 200" steht dann z. B. für eine programmierte Fehlermeldung. Der Anwender eines solchen Programms muß jetzt allerdings erst in einer Dokumentation nachschlagen, um zu sehen, was eigentlich los ist.
Ein STOP mit der bekannten Ausschrift wird übrigens auch erzeugt, wenn der Programmanwender "control C" betätigt.

Geleitwort zum Schritt in die Welt der Programmierer

Der Abschnitt "Sprechen Sie BASIC" soll mit einem "echten" Beispiel und "ein paar Worten auf den Weg" beendet werden. Wir wollen schließlich noch sehen, was der Rechenknecht unserer Fibelweltraumforscher programmiert hat. Dieses Beispiel "aus der Zukunft" wurde absichtlich etwas in die Länge gezogen, damit Sie, lieber Fibelleser, es besser lesen können. Es läßt sich aber auch zu einem "7-Zeiler" komprimieren.
Die Kurzfassung von Programmen geht immer zu Lasten ihrer guten Dokumentation. Sie kann eigentlich nur akzeptiert werden, wenn Speicherplatzmangel besteht, und in unserem Bohrlochprogramm in Listing 2 (vgl. Seite 44) ist das nicht der Fall.
So sieht die Anwendung des Bohrlochprogramms aus; eingegebene Werte sind wieder unterstrichen, die Betätigung der Eingabeendetaste wird nicht dokumentiert.

```
run "BOHRLOCH"
      BERECHNUNG VON BOHRLOCHTIEFEN MITTELS SCHALL
-------------------------------------------------------
BENUTZUNGSHINWEISE:
FUER T IST EINE BELIEBIGE ZAHL EINZUGEBEN, DIE MIT DER
TASTE *ENTER* ZU BEENDEN IST. DAS KOMMA MUSS ALS PUNKT
EINGEGEBEN WERDEN, WENN STELLEN NACH DEM KOMMA
AUFTRETEN.
DAS PROGRAMM KANN NUR DURCH COMPUTERABSCHALTUNG BEENDET
WERDEN
-------------------------------------------------------
T [sec]:1
S=    4.76829 m
T [sec] :2.108
S=    20.5633 m
T [sec] :2.223
S=    22.7988 m
T [sec] :0
T WAR FALSCH,DU NACHTMUETZE!
T [sec] :    .... hier wurde abgeschaltet.
```

Und nun noch ein Geleitwort.
Das kann am besten geschehen, indem die "Tugenden" (Tn) eines Programmierers aufgezählt werden:

T1 Der Programmierer ist konsequenter Realist und nicht, wie die nichtprogrammierende Mitwelt oft behauptet, Pessimist.

T2 Der Programmierer kennt, wenigstens in seiner Tätigkeit, aber häufig auch im täglichen Leben, nur eine "Ja/Nein-Logik".

T3 Der Programmierer ist selbstkritisch, und zwar nicht nach Wilhelm Buschs allgemeinmenschlicher Regel, sondern im echten Sinne des Wortes. Er macht täglich Fehler und muß sie auch täglich erkennen, sonst wird er mit seinem Programm nie fertig.

T4 Der Programmierer glaubt keiner Aussage gleich, auch nicht der geschriebenen. Er weiß, wie schnell sich ein Fehler einschleicht. Für ihn gilt: Bewiesen ist, was auf dem Computer funktioniert.

T5 Wenn der Programmierer schon einmal schreiben muß, versucht er Sachverhalte immer ohne *Redundanz,* d. h. ohne Wiederholungen, logisch exakt, also Schritt für Schritt aufeinander aufbauend, darzustellen. Langatmige theoretische Erörterungen liegen ihm nicht. Er liebt konkrete Beispiele zur Klärung eines Sachverhaltes.

T6 Ein Programmierer hat Humor; er füttert seine EDV-Meise. In seiner Umwelt gilt er trotzdem nicht immer als humorvoller Tierfreund!

Also, herzlich willkommen im Kreis der Programmierer. Vielleicht können Sie diesen Tugenden noch neue Tugenden hinzufügen. Eine Tugend wurde übrigens vergessen: die Neugierde mit dem Bestreben, ständig das Neue zu begrüßen bzw. es selbst zu erstellen.

```
10 REM Folgendes Programm erzeugt eine ASCII- Codetabelle:
20 REM =========== B:ASCTB.BAS =============================
21 DIM B¤(15)
30 B¤(0)="0000"
40 B¤(1)="0001"
50 B¤(2)="0010"
60 B¤(3)="0011"
70 B¤(4)="0100"
80 B¤(5)="0101"
90 B¤(6)="0110"
100 B¤(7)="0111"
110 B¤(8)="1000"
120 B¤(9)="1001"
130 B¤(10)="1010"
140 B¤(11)="1011"
150 B¤(12)="1100"
160 B¤(13)="1101"
170 B¤(14)="1110"
180 B¤(15)="1111"
190 LPRINT "         ASCII = American Standard Code for Information";
200 LPRINT " Interchange"
201 LPRINT "         ****************************************";
202 LPRINT "************"
210 LPRINT "         1. Steuercodes:"
220 LPRINT "         ---------------"
230 GOSUB 1000
240 ZAN=0
250 ZEN=31
```

```
260 GOSUB 2000
270 GOSUB 1080
280 LPRINT
290 LPRINT "          2. Darstellbare Codes"
300 LPRINT "          ---------------------"
310 GOSUB 1000
320 ZAN=32
330 ZEN=40
340 GOSUB 2000
350 GOSUB 1080
360 LPRINT CHR¤(12)
370 GOSUB 1000
380 ZAN=41
390 ZEN=90
400 GOSUB 2000
410 GOSUB 1080
420 LPRINT CHR¤(12)
430 GOSUB 1000
440 ZAN=91
450 ZEN=127
460 GOSUB 2000
470 GOSUB 1080
480 END
1000 REM ------------------------------------
1010 REM Tabellenkopf
1020 REM ------------------------------------
1030 GOSUB 1100
1040 LPRINT "         | Zeichen | Dez | Hex |   Bin    |";
1050 LPRINT "      Bemerkungen       |"
1060 GOSUB 1100
1070 RETURN
1080 REM ---------------
1090 REM Strich
1091 REM ---------------
1100 LPRINT "         ------------------------------";
1110 LPRINT "------------------------------"
```

Fortsetzung Seite 108

```
1120 RETURN
2000 REM ------------------------------------------------------------
2010 REM Druck der ASCII- Codes von "zan" bis "zen"
2020 REM ------------------------------------------------------------
2030 FOR D=ZAN TO ZEN
2040 Z¤=CHR¤(D)
2050 H¤=HEX¤(D)
2060 IF LEN(H¤)=1 THEN H¤="0"+H¤
2070 T¤=LEFT¤(H¤,1)
2071 GOSUB 3000
2080 B¤=B¤(A)
2090 T¤=RIGHT¤(H¤,1)
2091 GOSUB 3000
2100 B¤=B¤+B¤(A)
2110 D¤=STR¤(D)
2111 IF D<=32 OR D=127 THEN LPRINT "          |          |"; : GOTO 2130
2120 LPRINT "          |   ";Z¤;"     |";
2130 IF LEN(D¤)=2 THEN LPRINT D¤;"   |  "; : GOTO 2160
2140 IF LEN(D¤)=3 THEN LPRINT D¤;"  |  "; : GOTO 2160
2150 LPRINT D¤;" |  ";
2160 LPRINT H¤;" | ";B¤;" |                        |"
2170 NEXT D
2180 RETURN
3000 REM ------------------------------------------------------------
3010 REM Test von "T¤" auf "nichtnumerisch" und numerischen Wert --->"A"
3020 REM ------------------------------------------------------------
3030 IF T¤<"A" THEN A=VAL(T¤) : RETURN
3040 IF T¤="A" THEN A=10 : RETURN
3050 IF T¤="B" THEN A=11 : RETURN
3060 IF T¤="C" THEN A=12 : RETURN
3070 IF T¤="D" THEN A=13 : RETURN
3080 IF T¤="E" THEN A=14 : RETURN
3090 A=15
3100 RETURN
```

ASCII = American Standard Code for Information Interchange
****

1. Steuercodes:

Zeichen	Dez	Hex	Bin	Bemerkungen
NUL	0	00	00000000	keine Funktion
	1	01	00000001	Codes zur Steuerung einer
	2	02	00000010	Datenübertragung.
ETX	3	03	00000011	ETX hat Sonderfunktion in SCP
	4	04	00000100	und BASIC. Es entspricht dem
	5	05	00000101	"control C"
	6	06	00000110	
BEL	7	07	00000111	Schaltet ein akustisches Signal
BS	8	08	00001000	Codes zur Listengestaltung bei
HT	9	09	00001001	Monitor und Drucker.
LF	10	0A	00001010	
VT	11	0B	00001011	"CR" ist der Code der Taste "ET"
FF	12	0C	00001100	
CR	13	0D	00001101	
	14	0E	00001110	
	15	0F	00001111	
	16	10	00010000	
DC1	17	11	00010001	Codes, die von einem Peripherie-
DC2	18	12	00010010	gerät zur Synchronisation der
DC3	19	13	00010011	Datenübertragung gesendet
DC4	20	14	00010100	werden.
	21	15	00010101	
	22	16	00010110	
	23	17	00010111	
	24	18	00011000	
	25	19	00011001	
	26	1A	00011010	
ESC	27	1B	00011011	Sondercode in Dienstprogrammen
	28	1C	00011100	
	29	1D	00011101	
	30	1E	00011110	
	31	1F	00011111	

2. Darstellbare Codes

Zeichen	Dez	Hex	Bin	Bemerkungen
	32	20	00100000	Leerzeichen
!	33	21	00100001	
"	34	22	00100010	Gänsefüßchen
#	35	23	00100011	Nummernzeichen "Doppelkreuz"
¤	36	24	00100100	
%	37	25	00100101	
&	38	26	00100110	
'	39	27	00100111	Apostroph
(	40	28	00101000	

Zeichen	Dez	Hex	Bin	Bemerkungen
)	41	29	00101001	
*	42	2A	00101010	
+	43	2B	00101011	
,	44	2C	00101100	
-	45	2D	00101101	
.	46	2E	00101110	
/	47	2F	00101111	
0	48	30	00110000	
1	49	31	00110001	
2	50	32	00110010	
3	51	33	00110011	
4	52	34	00110100	
5	53	35	00110101	
6	54	36	00110110	
7	55	37	00110111	
8	56	38	00111000	
9	57	39	00111001	
:	58	3A	00111010	
;	59	3B	00111011	
<	60	3C	00111100	
=	61	3D	00111101	
>	62	3E	00111110	
?	63	3F	00111111	
@	64	40	01000000	Kommerzielles a (Klammeraffe)
A	65	41	01000001	
B	66	42	01000010	
C	67	43	01000011	
D	68	44	01000100	
E	69	45	01000101	
F	70	46	01000110	
G	71	47	01000111	
H	72	48	01001000	
I	73	49	01001001	
J	74	4A	01001010	
K	75	4B	01001011	
L	76	4C	01001100	
M	77	4D	01001101	
N	78	4E	01001110	
O	79	4F	01001111	
P	80	50	01010000	
Q	81	51	01010001	
R	82	52	01010010	
S	83	53	01010011	
T	84	54	01010100	
U	85	55	01010101	
V	86	56	01010110	
W	87	57	01010111	
X	88	58	01011000	
Y	89	59	01011001	
Z	90	5A	01011010	

Zeichen	Dez	Hex	Bin	Bemerkungen
[	91	5B	01011011	
\	92	5C	01011100	Backslash
]	93	5D	01011101	
^	94	5E	01011110	Zirkumflex (Potenzoperator)
_	95	5F	01011111	Unterstreichungszeichen
`	96	60	01100000	Gravis
a	97	61	01100001	
b	98	62	01100010	
c	99	63	01100011	
d	100	64	01100100	
e	101	65	01100101	
f	102	66	01100110	
g	103	67	01100111	
h	104	68	01101000	
i	105	69	01101001	
j	106	6A	01101010	
k	107	6B	01101011	
l	108	6C	01101100	
m	109	6D	01101101	
n	110	6E	01101110	
o	111	6F	01101111	
p	112	70	01110000	
q	113	71	01110001	
r	114	72	01110010	
s	115	73	01110011	
t	116	74	01110100	
u	117	75	01110101	
v	118	76	01110110	
w	119	77	01110111	
x	120	78	01111000	
y	121	79	01111001	
z	122	7A	01111010	
{	123	7B	01111011	
|	124	7C	01111100	
}	125	7D	01111101	
‾	126	7E	01111110	Überstreichungszeichen
DEL	127	7F	01111111	Steuercode: "Löschen!"